스파이의 생각법

A Spy's Guide to Thinking + Strategy
Copyright ⓒ 2018 by John Braddock
Korean Translation Copyright ⓒ 2018 by Anima Publishing Co.
Korean edition is published by arrangement with Economic
Advisors, Inc. through Duran Kim Agency.

이 책의 한국어판 저작권은 듀란킴 에이전시를 통해 저작권자와의 독점
계약을 맺은 도서출판 아니마에 있습니다. 저작권법에 따라 한국 내에서
보호를 받는 저작물이므로 무단 전재와 복제를 금합니다.

스파이의 생각법

A Spy's Guide to Thinking + Strategy

존 브래독 지음 | 노혜숙 옮김

이 책은 CIA의 공식적인 정보 공개가 아니다. 이 책에 나오는 모든 사실 진술, 의견, 분석은 저자 개인의 생각이며 CIA나 다른 미국 정부 기관의 공식적인 입장이나 견해는 반영되지 않았다. 어떤 내용도 미국 정부의 정보 인증이나 저자의 견해에 대한 CIA의 보증을 주장하거나 암시하는 의미로 해석해서는 안 된다.

차례

1장 스파이의 생각법

어느 날 지하철에서
/ **생각의 고리 통과하기**   10

공항 검색대에서
/ **역으로 추론하기**   50

2장 전략

제보자의 거짓말
/ **숨겨진 의도**   74

게임의 종류
/ **빈 라덴의 전략**   103

3장 보스 게임

지피지기 백전불태
　　/ 적의 엔드 게임 추적하기　　　　　　　　146

스파이는 무엇으로 사는가?
　　/ 포지티브 게임으로 이어가기　　　　　　181

에필로그
　　/ 당신은 어떤 엔드 게임을 꿈꾸는가?　　　219

1장
스파이의 생각법

스파이는 혼자가 되는 것에 익숙하다.
비행기를 타도, 차를 운전해도 호텔에 묵어도 혼자다.
때로는 지중해의 아름다운 휴양지에서 일주일 동안 혼자 지내며
나타나지 않을 사람을 기다리기도 하고,
24시간 혹한의 추위 속에서 누군가를 미행하고 감시하기도 한다.
혼자이고 위험하다.
그럴 때 할 수 있는 것은 생각하는 것뿐이다.
그리고 생각에 대해 생각한다.

생각의
고리
통과하기

어느 날
지하철에서

007 영화에서 과학자 Q는 제임스 본드를 위해 로켓 자동차, 제트팩, 원격 조종 기폭장치 같은 최첨단의 장치들을 발명한다. 현실에서 스파이가 정말 그런 장치들을 사용하냐고? 그 정도는 아니더라도 충분히 기발하고 흥미로운 장치는 많이 있다.

하지만 만일 당신이 현장에서 뛰는 스파이라면 이런 생각이 들 것이다. '내 목숨을 이런 기계 장치에 맡겨도 될까?'

그래서 하나하나 꼼꼼히 살피고 대부분 퇴짜를 놓는다. 그러다가 마음에 드는 장치를 만나면 다시 이런 의문이 든다. 이것이 제대로 작동을 할까? 고장이 나면 어떻게 하지?

그래서 머뭇거린다. 새것이라고 해서 항상 좋은 것은 아니다. 오래된 것이 더 나을 수 있다. 현장에서 입증이 된 것, 몇 십 년 동안 사용해온 것이라면 믿을 수 있다. 최첨단의 장치는 시험을 해봐야 한다. 검증이 필요하다. 만일 제대로 작동을 하지 않으면 임무에 실패할 뿐 아니라 목숨이 위태로워질 수 있다.

그렇게 해서 고른 장치들이 제대로 기능을 한다면 임무 수행은 훨씬 수월해질 것이다. 그래서 용감하게 밖으로 나가 첩보 활동을 한다. 아마 세상을 위기에서 구해낼지도 모른다.

이 책은 스파이가 사용하는 생각의 도구에 대한 이야기다. 이 도구는 첨단의 장치는 아니다. 하지만 언제 어디서나 사용할 수 있고 고장이 나지 않는다. 또한 오랜 세월에 걸쳐 그 효과가 충분히 검증되었고 계속해서 직접 업데이트를 할 수 있다.

이 도구는 긴급한 상황에서 가장 유용하게 사용할 수 있다. 첫째, 경솔하게 행동하는 것을 막아준다. 집중력이 생긴다. 도망치거나 공격하는 도마뱀 뇌에 사로잡히지 않고 침착하게 행동할 수 있다.

사실 이 도구는 다양한 환경에서 다양한 사람들이 사용해왔다. 경우에 따라서는 사용 방법이 좀 더 복잡해질 수도 있다.

어쨌든 결론은 이 도구가 꽤 쓸 만하다는 것이다.

내가 아직 살아 있다는 것이 그 증거다.

✶✶✶✶✶✶

이른 아침, 유럽. 그다지 나쁜 곳은 아니다. 썩 좋은 곳도 아니다. 주말이고 이제 막 대중교통이 운행을 시작했다. 아직 한산하다. 스파이가 제보자를 만나기 좋은 시간이다.

지하철 뒤쪽 칸으로 가서 자리에 앉았다. 휴대폰을 꺼내서 최근에 들어온 교신이 있는지 확인한다. 한 남자가 그런 내 모습을 쳐다본다.

지하철에 앉은 사람들은 다들 나처럼 평범해 보였다. 나처럼 옷을 입었다. 나처럼 생겼다. 나처럼 휴대폰을 꺼내 들고 있다. 그런데 그 남자는 나를 선택했다.

"당신 휴대폰 좀 봅시다." 그가 현지 언어로 말했다.

나는 못들은 척 했다.

"휴대폰 좀 봅시다." 그가 다시 말했다.

나는 그 남자를 쳐다본다. 생각을 시작한다. 자료를 수집한다.

그의 키는 나와 비슷하다. 체중은 좀 더 나갈 것이다. 강단이 있어 보인다. 얇은 코트 아래 근육질 몸매. 싸구려 신발. 청바지. 현지인은 아니다. 공격적인 태도.

그는 출입문을 가로막고 서 있었다. 이글거리는 눈빛을 하고.

분석이 필요하다.

'휴대폰 좀 봅시다.' 라는 그 남자의 말은 분명 '네 휴대폰을 내가 가져갈게.'라는 말이다.

좀 너 자세한 분석이 필요하다. 나는 외국에 있을 때 누군가 접근해오면 항상 가장 먼저 머리에 떠오르는 실문으로 시작했다.

'이 사람은 내가 스파이라는 사실을 알고 접근한 것일까?'

✶✶✶✶✶✶

우리가 어떤 행동을 하기까지의 사고 과정을 단계별로 나누어 보면 다음과 같다.

자료 ⇄ 분석 ⇄ 결정 ⇄ 실행

우리는 머릿속으로 끊임없이 생각을 하고 있지만 행동을 하기 위해 필요한 생각은 이와 같은 과정을 거쳐야 한다. 자료를 수집하고 그 자료를 분석해서 결정을 내리고 마지막으로 실행에 옮겨야 한다.

역으로 하면 실행을 하기 위해서는 올바른 결정을 내려야 한다. 올바른 결정을 내리기 위해서는 정확한 상황 분석이 필요하다. 그래서 상황 분석에 필요한 자료를 수집해야 한다. 믿을 수 있는 자료를 수집해야 한다. 상황을 분석하고 올바른 결정을 내려서 실행에 옮기기 위해 필요한 자료를 수집해야 한다.

자료를 수집해서 걸러내고 분석해서 결정을 내린다. 결정은 실행으로 이어진다.

이 단계를 차례로 아주 빠르게 통과하는 것이 스파이가 생각하는 방법 중에 한 가지다.

사실 스파이들만 이런 식으로 사고하는 것은 아니다. 일반인들도 마찬가지다. 이 네 가지 기본적인 단계를 밟지 않고 어느 하나를 생략하고 넘어간다면 잘못된 결정을 내리게 되고 손실과 후회를 남기는 행동을 하게 된다.

그리고 크고 작은 조직들도 이런 사고 과정을 거친다. 대신 한 사람의 머릿속에서 일어나는 것이 아니라 많은 사람들 사이에서 일어난다. 어떤 사람들은 자료를 수집한다. 어떤 사람들은 자료를 분석한다. 또 어떤 사람들은 결정을 내린다. 그리고 어떤 사람들은 행동을 취한다. 어떤 조직들은 이 단계를 올바로 거치지만, 어떤 조직들은 그렇지 못하다.

나는 아주 커다란 조직의 사고 과정에 참여했다. 미국 정부를 위해 일하는 CIA였다. 그리고 내가 한 일은 그 조직에서 하는 사고 과정의 첫 단계인 자료 수집이었다. 기밀 자료, 위험한 자료다. 그 자료가 어떤 사람을 죽음으로 몰아갈 수도 있고, 전쟁이 일어나서 수많은 사람이 죽을 수도 있다.

예를 들어 보자. 한 나라가 경쟁국의 약점에 대해 알아낸다. 두 번째 나라는 첫 번째 나라가 침략을 계획하고 있다는 것을 알아낸다. 세 번째 나라는 협상을 통한 선점을 시도한다. 네 번째 나라가 이러한 혼란을 틈타서 전쟁을 일으킨다.

나는 미국이 국가 차원에서 유리한 결정을 내릴 수 있도록 하는 기밀 자료를 수집했다. 걷잡을 수 없는 일이 벌어지기 전에 적절한 행동을 취하기를 바라면서. 스파이의 첩보 활동은 본 게임이 시작되기 전에 하는 게임이다. 뉴스로 보도가 되거나 아니거나 국내의 누구보다 먼저 새로운 정보를 알아내야 한다.

스파이 역시 주어진 임무를 수행하기 위해 치밀한 사고 과정이 필요하다. 원하는 정보에 대한 자료를 수집한다. 그 자료를 분석한다. 접근 방법을 결정한다. 정보를 얻기 위한 행동을 취한다.

이 때 사고 과정에 헛점이 있으면 위험한 상황에 처할 수 있다. 세계 정세는 끊임없이 변화한다. 따라서 계속해서 새로운 자료를 수집해야 한다. 새로운 분석을 해야 한다. 새로운 선택을 평가해야 한다. 새로운 행동을 취해야 한다. 결국 얻는 것이 별로 없다고 해도.

✱✱✱✱✱✱

'이 사람은 내가 스파이라는 사실을 아는 걸까?'

그는 현지 언어로 나에게 말을 걸었다. 그렇다면 그는 내가 스파이라는 것을 모르는 사람이라고 가정할 수 있다. 아니면 적어도 나와 같은 미국 스파이는 아닐 것이다.

하지만 아직 확실하지 않다.

더 많은 자료가 필요하다.

'그는 지금 무엇을 보고 있는가?'

그는 내 휴대폰을 보고 있다. 내 휴대폰에 눈을 두고 내 얼굴을 훔끗거린다.

휴대폰이 그가 원하는 것이다. 이것은 내가 스파이라는 것을 그가 모른다는 의미는 아니다. 그는 내가 스파이라는 걸 알고 휴대폰을 뺏으려고 하는 것일지도 모른다. 만일 그렇다면 그는 어째서 나에게 다짜고짜 휴대폰을 달라고 할까? 다른 속셈이 있는 걸까?

자료가 좀 더 필요하다.

다음 질문: '이 남자는 혼자인가?'

주위를 둘러본다.

아직 잠에서 덜 깬 듯한 얼굴들이 보인다. 맞은편 옆줄에 앉은 청년이 우리를 지켜보고 있다. 그는 놀란 표정이다. 그의 어깨는 늘어져있다. 무방비 상태다. 체중의 무게중심에 변화가 없다. 움직일 생각이 없는 듯하다. 그는 이 남자가 내 휴대폰을 보여 달라고 하는 말을 듣고 우리를 쳐다보고 있을 뿐이다. 어쨌든 평범한 상황은 아니니까. 그는 관심이 있지만 뭔가를 할 것 같지는 않다. 그는 우리 일에 끼어들 생각이 없다.

그의 앞쪽에는 머리에 스카프를 두른 할머니가 앉아 있다. 무릎 위에 가방을 올려놓고 있다. 그녀는 우리 쪽으로 고개를 돌렸다가 곧바로 다시 앞을 쳐다본다. 러시아에서는 노인을 감시자로 이용하는 것으로 유명하지만 그녀는 이곳 현지인이다. 그녀는 내 눈을 피하려고 한다. 다치고 싶지 않은 것이다.

그녀 앞에 중년의 남녀가 서 있다가 차량 맨 끝으로 옮겨 갔다. 그들도 이 남자가 나에게 휴대폰을 달라고 하는 말을 들었을 것이다.

아무도 우리 일에 관여하기를 원하지 않는다. 그리고 아무도 이 남자와 관련이 없는 듯 보인다.

그렇다고 해서 그들이 스파이가 아니라는 의미는 아니다. 스파이는 사람들 속에 섞여 있으려고 한다. 만일 그들 중에 스파이가 있다고 해도 승객들 사이에 조용히 앉아있을 것이다. 움직이지 않을 것이다. 아직은.

숨을 한 번 쉬고 나서 생각한다. 지금까지 한 질문들을 다시 생각한다.

'이 남자는 혼자인가?'

이 질문에 대한 답은 아직 나오지 않았다.

* * * * * *

앞에서 말한 것처럼, 스파이들은 손에 익은 장치를 좋아한다. 시간의 시험을 통과하면서 효과가 입증된 장치를 좋아한다.

생각의 과정을 자료 ⇌ 분석 ⇌ 결정 ⇌ 실행으로 구분하는 방법의 기원은 1950년대로 거슬러 올라간다.

미 공군의 한 비행 교관이 공중전에서 전투기 조종사들의 생각과 행동을 면밀히 관찰했다. 그들이 공중전을 벌일 때 어떻게 생각하고 어떻게 행동하는지, 전투에서의 승리를 결정하는 요인은 무엇인지 연구했다. 그 교관의 이름은 존 보이드John Boyd였다.

보이드는 원래 사고 과정에서 처음 두 단계인 자료와 분석이라는 용어 대신 관찰과 판단이라는 용어를 사용했다. 하지만 의미하는 것은 같다. 전투기 조종사는 우선 관찰을 통해 적에 대한 자료를 수집한다. 그 자료를 분석해서 판단한다. 어떻게 할지 결정한 다음 행동으로 옮긴다.

보이드는 이렇게 생각을 단계별로 나누어서 관찰한 결과 흥미로운 사실을 발견했다. 이 단계를 차례로 빠르게 통과하는 조종사가 대체로 전투에서 이긴다는 것이다. 그는 이와 같은 단계적인 사고 과정을 생각의 고리라고 불렀다.

공중전에서 전투기 조종사는 상대를 공격할 때마다 생각의 고리를 통과해서 결정을 내리고 실행에 옮긴다. 그리고 방금 수행한 행동에 대한 자료를 수집하고, 그 자료를 분석하고 결정을 내려서 다시 공격을 한다. 그리고 그 다음 공격을 위해 다시 자료를 수집한다.

이러한 생각의 고리에 착안해서 미 공군은 변화를 시도

했다. 조종사가 생각의 고리를 최대한 빨리 통과할 수 있도록 조종사가 생각하는 속도로 움직이는 비행기를 만들기로 했다. 큰 변화가 필요했다. 그들은 오래된 방식들을 버리고 새로운 접근 방식을 사용했다. 더 신속하게 반응하고 기동성이 좋은 전투기를 위한 새로운 플랫폼을 만들었다.

그 결과 F-15와 F-16 전투기 플랫폼이 탄생했다.

✶✶✶✶✶✶

'이 남자는 혼자인가?'

그는 다른 사람들이 우리를 보지 못하도록 자기 몸으로 가로막고 서 있었다. 나를 다른 승객들로부터 격리시켰다. 만일 그들 중 누군가와 공모하고 있다면 그런 식으로 하지 않았을 것이다. 우리가 하는 행동을 공모자가 볼 수 있도록 해서 언제라도 우리를 향해 뛰어들 수 있도록 했을 것이다. 하지만 그는 누군가가 우리 사이에 끼어들기를 원하지 않았다.

그렇다면 그는 혼자였다.

나는 맨 처음에 머리를 스치고 간 질문으로 돌아갔다. 그가 하는 행동은 첩보 활동인가?

아니다. 만일 그가 하는 행동이 첩보 활동이라면 이런 식으로 행동하지 않을 것이다.

만일 현지 보안요원이 내 휴대폰을 가져가려고 한다면 적어도 두 명이 왔을 것이다. 아마 두 명 이상이었을 것이다. 아마 제복을 입었을 것이고 공식적으로 요구를 할 것이다. 따라서 분명 현지의 국가 기관은 관련이 없었다. 그리고 만일 그들이 나를 체포하려고 한다면 지하철에서는 하지 않을 것이다. 아마 나를 안전가옥으로 데리고 가서 국가 정보원을 합석시키고 내 혐의를 추궁할 것이다.

그렇다면 그는 또 다른 스파이일까? 적국의 스파이?

아니다. 그의 행동은 너무 단도직입적이다. 은밀한 구석이 없다. 그는 나에게 다가와서 떼를 쓰듯이 휴대폰을 내놓으라고 한다. 만일 스파이가 내 휴대폰을 원한다면 쥐도 새도 모르게 그것을 손에 넣어서 장난을 친 후에 다시 제자리에 돌려놓는 방법을 택할 것이다. 그렇게 할 수 없다면 처음부터 시도를 하지 않을 것이다.

게다가 천장에 붙어있는 CCTV 카메라가 우리의 일거수일투족을 기록하고 있었다. 스파이는 현지에서나 외국에서나 어디에서도 카메라에 찍히는 것을 좋아하지 않는다. 나는 그가 스파이가 아니라고 판단했다. 그렇다면 그는 내가 스파이라는 사실을 모른다는 것이다.

답이 나왔다.

이번에는 새로운 질문을 할 차례.

그가 입은 옷, 자세, 얼굴을 다시 살펴본다. 그는 내 휴대폰을 원한다.

왜?

나는 앉은 자세에서 두 다리를 그 남자 쪽으로 옮겼다. 그가 더 가까이 다가왔다. 거의 손을 내밀면 닿을 거리까지. 그 때 새로운 사실이 보였다. 그의 동공이 열려 있었다.

지하철 내부가 그다지 밝지 않았는데도 그는 눈이 부신 듯 했다. 그의 눈동자는 흔들리고 초점이 맞지 않았다.

새로운 가설: 이 남자는 약쟁이다. 이른 아침이니까 그가 아직 약기운이 남아있다면 전날 밤에 약을 했을 것이다. 그리고 그는 수중에 돈이 떨어졌다. 다시 주사를 맞으려면 팔거나 교환할 무언가가 필요하다. 휴대폰이 완벽하다. 그런데 왜 나를? 그 이유는 단지 내가 가진 휴대폰을

원하기 때문이다.

나는 묻지마 강도를 만난 것이다. 그는 스파이가 아니다. 위험한 상황이지만 종류가 다른 위험이다. 규칙이 다른 게임이다.

하지만 위험한 것은 마찬가지다. 약에 취한 남자는 무모한 짓을 할 수 있다. 그로 인해 나에게 나쁜 일들이 일어날 수 있다. 휴대폰을 뺏기는 것을 포함해서.

나는 그 날 중요한 정보를 가진 제보자와 접선하기 위해 그 휴대폰이 필요했다. 약쟁이에게 순순히 그것을 내줄 수는 없었다.

******

나는 CIA에서 첩보원으로 일하며 자료를 수집했다. 그러나 정보기관에서 하는 일은 자료 수집에서 멈추지 않는다. 내가 수집한 자료는 분석가들에게 넘겨졌다.

생각의 고리에서 처음 두 단계인 자료 수집과 분석은 정보기관에서 하는 일이다. 분석이 끝나면 정리한 정보를 의사 결정자들에게 넘긴다.

이것이 조직 차원의 사고 과정이다. 조직에서는 많은 두뇌들이 각자 사고 과정의 작은 부분을 담당하면서 동시에 서로 긴밀하게 연결되어 있다.

의사 결정자가 정보를 받아서 심의하고 결정을 내리면 그 다음에 그 결정을 실행에 옮기는 사람은 누구인가?

전시라면 아마도 군인들이 행동할 것이고, 평화 시에는 외교관들이 행동할 것이다. 또는 21세기 신냉전 체제에서는 군인과 외교관이 함께 행동할 것이다.

또는 스파이들이 명령에 따라 작전을 수행하는 공작원이 될 수도 있다.

국가 차원에서 생각의 고리는 다음과 같은 과정을 거친다.

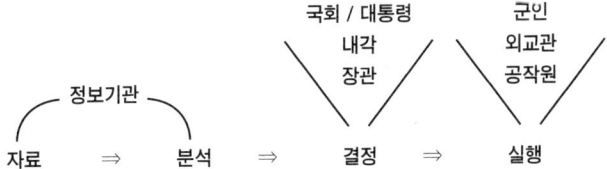

우리가 하는 자료 수집이 분석과 결정을 거쳐 실행으로까지 이어질지는 미지수다. 어쨌든 우리 스파이들은 자료 수집을 한다. 그래서 기밀 정보를 구하기 위해 외국으로 나간다. 영화에 나오는 스파이처럼 외국에서 자료를 수집하는 과정에서 첨단의 장치를 사용할 수 있다. 그렇게 우여곡절 끝에 힘들게 구한 정보를 분석가에게 보낸다.

분석 단계는 영화에서는 좀처럼 볼 수 없지만 역시 중요하다. 자료의 신뢰성을 판단하기 위해 주어진 자료가 어디서 왔는지, 실체에 얼마나 접근했는지 확인한다.

분석은 걸러내기다. 고급 정보를 추려내서 정리하는 것이다.

그리고 분석 단계에서 하는 것이 또 한 가지 있다. 기존에 갖고 있는 자료에 새로운 수집한 자료를 결합하는 것이다.

내가 CIA에 있을 때 미국이 풀어야 하는 가장 큰 숙제는 '이라크에 대량 살상 무기WMD가 과연 존재하는가, 존재하지 않는가?'라는 질문에 답하는 것이었다.

미국은 이 문제에 관한 기존 자료를 갖고 있었다. 그 자료 중 일부는 사담 후세인이 WMD를 보유하고 있다고 말했다. 또 다른 자료는 그렇지 않다고 말했다. 일부 자료는 사담 후세인을 위해 일하는 과학자들이 WMD를 만들 수 있는 능력이 있다고 말했다. 다른 자료는 그렇지 않다고 말했다.

그 후에 새로운 자료가 나왔다. 이라크가 아프리카의 내류 국가 니제르에서 핵무기 개발용 우라늄을 구매하려 한다는 정보였다. 콜린 파월 국무장관은 유엔에서 그 증거를 제시했다.

분석이 정확해야 기존의 자료와 새로운 자료를 결합해서 올바른 판단에 이를 수 있다. 하지만 이라크 상황에서처럼 정확한 분석은 쉽지 않다.

정확한 분석이 없다면 올바른 결정을 내릴 수 없다. 정확한 분석이 없다면 어떤 선택을 할 수 있는지 알 수 없다.

★★★★★★

그 남자는 스파이도 아니고 현지 보안요원도 아닌, 동공이 확대된 약쟁이였다. 그래도 위기 상황이었다. 그는 내 휴대폰을 노리고 있었다.

분석이 끝나면 결정을 내릴 차례다. 나는 다음 단계인 결정으로 넘어갔다. 어떤 선택을 할 것인가?

그 순간 내가 선택할 수 있는 행동은 다음과 같았다.

1. 그대로 자리에 앉아서 두고 본다.

2. 일어서서 그와 얼굴을 마주 본다.
3. 공격을 한다. 어차피 싸움이 일어날 것이므로.

나는 운동 신경이 꽤 좋은 편이다. 대학에서는 거친 스포츠를 했다. 뇌진탕이 두 번 있었다. 여러 번 경기장에서 실려 나갔다. 몸싸움을 겁내지 않는다.

하지만 싸움을 시작하면 내가 이길 수 있을까? 장담할 수 없었다. 약에 취한 사람은 아주 고약한 상대다. 뇌와 몸의 연결이 끊어진 상태라 통증 신호가 작동하지 않는다. 맞아도 고통을 느끼지 않을 수 있다. 지치지도 않고 계속 덤벼들 수 있다.

그리고 또 다른 문제가 있었다. 내가 그 남자를 때려눕히는 것이 과연 적절한 행동인지 알 수 없었다. 마지막까지 서 있는 자가 질문을 받을 것이다. 쓰러진 사람 옆에 서 있는 나를 누군가 카메라에 담을 것이다. 나는 경찰서로 가게 될 것이다. 스파이는 외국에서 그런 상황에 처하면 상당히 곤란해진다.

스파이라면 언제나 그렇듯이, 나는 눈에 띄지 않고 사람들과 섞여 있어야 한다. 이 점에 대해서는 선택의 여지가 없다. 스파이에게 허용되는 범위 내에서 가능한 해법을 찾아야 한다.

✶✶✶✶✶✶

지하철에서 예상치 못한 상황을 마주한 나는 순간적으로 생각의 고리를 통과해야 했다. 자료를 수집하고 분석을 하고 결정을 하고 실행에 옮겨야 했다.

첫 번째 질문은 그 상황이 첩보 활동과 관련이 있느냐는 것이었다.

이 질문에 대한 답을 찾기 위해 먼저 자료를 수집했다. 그 남자에 대한 자료. 그가 혼자인지 아닌지에 판단할 수 있는 자료. 그 차량에 타고 있는 다른 사람들과 주변 환경에 대한 자료.

그리고 수집한 자료를 분석하고 정리해서 이미 알고 있는 자료에 추가했다. 내가 아는 스파이의 행동 방식에 비추어 보면 그는 스파이가 아니다. 무엇보다 나는 동공이 확대된 것이 무엇을 의미하는지 알고 있었다.

답이 나왔다. 그 상황은 첩보와 관련이 없었다.

하지만 이 고비를 무사히 넘겨야 한다.

스파이는 순간적인 기지를 발휘해서 위기에서 빠져나가

야 할 때가 종종 있다. 국경 수비대에게 위장 여권을 보여 줄 때. 미행을 하다가 들켰을 때. 약쟁이를 만났을 때.

이런 작은 게임들을 통과하지 못하면 그 다음에 해야 하는 중요한 게임으로 넘어갈 수 없다.

나에게는 더 중요한 게임이 기다리고 있었다. 의사 결정자가 필요로 하는 답을 갖고 있을지도 모르는 제보자를 만나야 했다.

그리고 그 이후의 게임은 더욱 중요하다. 내가 수집한 정보가 위로 올라가서 전쟁이 일어날 수도 있고 전쟁을 막을 수도 있다. 사람들의 생명을 앗아갈 수도 있고 구할 수도 있다.

그 날 나는 해야 할 일이 있었다. 중요한 제보자와 접선을 하러 가는 길이었다. 그런데 뜬금없이 약쟁이가 와서 내 휴대폰을 가져가려고 한다. 지금 당면한 목표는 이 순간을 모면하는 것이다. 약쟁이에게 휴대폰을 뺏길 수는 없다.

이럴 때 서두르는 것은 도움이 되지 않았다. 서두르다가는 일을 망치기 십상이다. 결국은 더 복잡한 문제가 생길 수 있다.

그래서 나는 잠시 기다렸다. 버티고 서 있는 약쟁이 앞에서 그대로 의자에 앉아 있었다. 나는 그를 공격하지 않기로 결정했다. 마지막 순간까지 내가 먼저 싸움을 시작하지는 않기로 했다.

그렇다면 방어 전략을 세워야 했다. 우선 두 가지 중에 한 가지를 선택할 수 있다.

1. 계속 앉아 있는다.
2. 일어선다.

나는 두 번째를 선택했다.

나는 자리에서 일어섰다. 약쟁이에게 내 키가 그와 비슷하다는 것을 알게 했다. 체구가 비슷하고 만만한 상대가 아니라는 것을 알게 했다.

나는 그의 눈을 똑바로 쳐다보았다. 그가 제풀에 물러나기를 기대하면서.

하지만 약쟁이는 움직이지 않았다. 내 앞을 가로막고 서서 물러서지 않았다. 그는 절실하게 약이 필요한 것이 틀림없었다. 그가 뒤로 물러서지 않았으므로 나는 또 다른 선택을 해야 했다. 그가 어떻게 반응할 것인지를 생각해서 적절한 선택을 해야 했다.

✶✶✶✶✶✶

우리는 상대방이 어떻게 할 것인지 생각할 때, 가장 먼저 이런 질문을 하기 쉽다. '이 사람은 무엇을 얻으려고 하는가?' 또는 '이 사람이 궁극적으로 원하는 것은 무엇인가?'

좋은 질문이다. 하지만 그보다 먼저 해야 하는 질문이 있다.

가장 먼저 해야 하는 질문은 '상대는 어떤 게임을 원하고 있는가?'라는 것이다.

현대에는 매일 수십억의 사람들이 온라인과 오프라인에서 무수히 많은 상호작용을 주고받는다. 물건을 사거나 팔고, 경쟁을 하고 협력을 한다. 운전을 하면서 차선 변경을 위해 보내는 신호도 상호 작용이다.

모든 상호 작용은 일종의 게임이다. 어떤 게임에는 승자와 패자가 있다. 서로 윈윈하는 게임도 있다. 아니면 둘 다 패자가 되는 게임도 있다.

우리가 일상생활에서 하는 수많은 상호작용을 일일이 꼼꼼하게 따져보는 것은 불가능하다. 만일 그렇게 한다면 하루 종일 생각만 하다가 끝날 것이다. 행동을 할 수 없을 것이다.

다행히도 요령이 있다.

모든 상호 작용은 다음 세 가지 게임 중 한 가지에 해당된다.

  A. 제로섬
  B. 포지티브섬
  C. 네가티브섬

제로섬 게임은 인류의 역사를 통해 점철되어 있다. 충돌이 일어난다. 결국 한 쪽이 이기고 다른 쪽은 패배한다.

유럽 전쟁을 예로 들어보자. 독일은 알자스로렌 지방을 무력으로 점령했다. 프랑스는 그 땅을 잃었다. 1차 세계대전에서 패한 독일은 베르사유 조약에 따라 알자스로렌을 프랑스에 돌려주었다. 프랑스가 잃으면 독일이 얻었고 프랑스가 얻으면 독일이 잃었다.

게임이 끝나서 양측이 잃어버리고 얻은 것을 합쳐보면 제로가 된다.

정치는 공화국이거나 민주주의이거나 군주제이거나 독재이거나 모두 제로섬 게임이다. 한 후보가 이기면 다른 후보는 진다. 한 정당이 세력을 잡으면 또 다른 정당은 잃는다. 왕이 죽으면 다른 사람이 왕이 된다. 독재자를 쿠데타로 제거하면 또 다른 독재자가 지배한다. 권력을 추구하는 정치는 정치인들이 어떤 말로 국민을 회유하든지 간에 모두가 제로섬 게임이다.

포지티브섬 게임은 다르다. 양측이 협조한다. 게임은 양측이 뭔가를 얻거나 얻을 것이라고 기대하는 동안 계속된다. 결혼, 동맹, 동업처럼, 양측에 이익이 되는 관계를 유지한다.*

어떤 포지티브섬 게임은 수세기에 걸쳐 유지된다. 미국과 영연방이 외교 문제에서 '특별한 관계'를 갖고 있는 것처럼. 하지만 어떤 포지티브섬 게임은 얼마 안가 흐지부지되기도 한다. 어찌 되었던, 포지티브섬 게임을 하는 동안에는 서로 주고받는 것이 필요하다. 양측이 자발적으로 모두에게 이익이 되도록 행동해야 한다.

네가티브섬 게임은 드물게 일어난다. 양쪽 모두 결국 손해를 보는 게임이다. 베르됭 전투**처럼 양측 모두 손실을 본

---

* 게임 이론가에 따라 '포지티브섬'이라는 용어를 한쪽의 이익이 다른 쪽의 이익보다 큰 상호작용에 사용하기도 한다.
** 제 1차 세계대전 중 프랑스 북부 베르됭Verdun 협곡에서 독일과 프랑스가 벌인 공방전.

다. 기껏해야 다른 쪽보다 손실이 적기를 바랄 뿐이다. 한 쪽이 너무 많은 것을 잃고 항복을 하면 게임이 끝난다.

이 세 가지 유형의 게임 중에 어떤 게임을 하게 될지를 알면 상대방이 다음에 어떤 행동을 취할지 예상하는 데 도움이 된다.

✶ ✶ ✶ ✶ ✶ ✶

약쟁이는 제로섬 게임을 하고 있었다. 그는 내 휴대폰을 가져가려고 한다. 대신 그가 나에게 주는 것은 없다. 그가 이기면 나는 진다. 그는 승자이고 나는 패자가 된다. 이것이 그가 원하는 게임이었다.

분명 충돌이 일어날 것이다. 이것은 의문의 여지가 없다. 그 남자와 나의 작은 전투는 어떤 대의나 명예가 걸린 일이 아니다. 나라를 구하는 일이 아니다. 생명을 구하는 일도, 역사에 기록될만한 일도 아니다. 단지 휴대폰을 뺏고 뺏기는 싸움이다.

하지만 나는 휴대폰을 지켜야 했다. 이 게임이 끝나면 둘 중 한 사람은 휴대폰을 갖게 될 것이고 한 사람은 휴대폰을 갖지 못할 것이다. 제로섬 게임이다.

이 게임은 그가 먼저 시작했다. 그는 내 휴대폰을 '보자'고 했다. 내가 그에게 주었다면 게임은 끝났을 것이다. 그는 내 휴대폰을 가져갔을 것이다. 나는 그것을 잃어버렸을 것이다. 게임 종료.

대중 속에 섞여 있으려고 하는 스파이는 일이 커지는 것을 원하지 않는다. 하지만 나는 그에게 내 휴대폰을 주지 않았다. 아니 줄 수 없었다.

그러자 그가 다시 달라고 했다. 또 다시 한 번. 나는 거부했다.

그러는 동안 그 남자 역시 나에 대해 새로운 자료를 수집했다. 그는 내 반응을 살폈다. 내가 얼마나 저항할지 알고 싶었을 것이다.

약쟁이는 머릿속이 뿌옇게 안개가 낀 상태로 어떤 분석을 할 수 있었을까? 알 수 없다. 아마 속도가 느렸을 것이다. 분석이 느려서 결정이 늦어졌을 것이다. 그래서 행동이 느려졌을 것이다.

그 틈에 나는 자리에서 일어설 수 있었다.

내가 일어섰을 때 그는 내 키와 체구가 자신과 비슷하다는 것을 알았다. 하지만 그는 물러서지 않았다.

그는 약을 맞을 생각에 정신이 팔려서 내가 거인이라도 상관하지 않는 것 같았다. 머릿속은 온통 내 휴대폰을 뺏을 생각뿐, 아무것도 개의치 않는 듯 했다.

그의 얼굴을 마주보고 서서 내가 할 수 있는 행동은 네 가지였다.

1. 그를 옆으로 돌아서 빠져나간다.
2. 그를 밀쳐낸다.
3. 다시 자리에 앉는다.
4. 그대로 서 있는다.

내가 나중에 한 동료에게 이런 일이 있었다고 이야기했더니 그는 휴대폰을 발로 밟아서 부셔버리지 그랬느냐고 말했다. 그렇게 하면 약쟁이는 포기를 했을 것이고 나는 위기를 모면할 수 있었을 것이다. 하지만 그 방법은 나의 선택 사항이 아니었다. 그 휴대폰은 그 날 나에게 꼭 필요했다. 그 안에 중요한 제보자의 연락처가 있었다.

결국 나는 위의 네 가지 방법 중에 첫 번째를 선택했다.

옆으로 움직였다.

그러자 그도 따라서 옆으로 움직였다. 마치 춤을 추며 스텝을 밟듯이 그는 내 앞을 막아섰다.

이제 세 가지 선택이 남았다.

1. 그를 밀쳐낸다.
2. 다시 자리에 앉는다.
3. 그대로 서 있는다.

그 상황에서 내가 수집할 자료는 그다지 많지 않았다. 적어도 그렇게 보였다.

그 때 그가 손을 움직이는 것이 보였다.

사실 그 모든 일은 눈 깜빡할 사이에 일어났다. 약쟁이가 내 휴대폰을 달라고 요구한 것은 몇 십초 전이었다. 나는 서두르지 않았다. 그러다가 너무 늦어진 것이다. 그 상황이 첩보 활동과 무관하다고 판단하고 긴장을 늦춘 것이다.

그가 약쟁이라는 사실을 알았을 때 나는 길거리 범죄자를 상대하는 방어 태세로 전환해야 했다.

약쟁이 머릿속에 들어가서 분석을 했어야 했다.

나는 그의 얼굴, 그의 눈, 그의 체격, 그의 태도, 그의 옷을 살펴보았다. 하지만 그의 손은 살피지 않았다.

그가 어떤 무기를 갖고 있을 거라는 생각은 하지 않았다.

그 때 그가 손을 움직였다.

나는 그의 손을 내려다보았다.

✶✶✶✶✶✶

스파이는 혼자가 되는 것에 익숙하다. 비행기를 타도, 차를 운전해도, 호텔에 묵어도 혼자다. 때로는 지중해의 아름다운 휴양지에서 일주일 동안 혼자 지내며 나타나지 않을 사람을 기다리기도 하고, 24시간 동안 혹한의 추위 속에서 누군가를 미행하고 감시하기도 한다. 혼자이고 위험하다.

그럴 때 할 수 있는 것은 생각하는 것뿐이다.

그리고 생각에 대해 생각한다.

나는 지하철에 혼자 있었다. 늘 그렇듯이.

주위에는 사람들이 있었다. 어쩌면 그들의 도움을 받을 수도 있다.

옆줄 맞은편에 앉아 있는 청년이 도와줄 수 있을지도 모른다. 그러나 그는 끼어들고 싶지 않은 눈치다. 할머니? 사양하겠다. 옆에 있던 다른 두 사람은 이미 멀찌감치 자리를 옮겼다.

그들의 방관적인 태도를 탓할 수는 없다. 그들은 모르는 사람들이다. 그들 눈에 우리는 오래된 원한 관계로 보일 수도 있다. 우리가 서로 총질을 할 수도 있다. 싸움이 일어날 때 가까이 있고 싶지 않을 것이다.

도움을 청해도 될까? 그럴 수도 있다. 그러면 약쟁이가 어떻게 반응할까? 그를 부추겨서 충돌을 앞당기게 될 것이다.

어쨌든, 도움을 받을만한 사람은 주위에 없었다. 그들이 나를 도와줘서 무슨 이득이 있겠는가? 그보다는 다칠 위험이 더 크다. 그러면 약쟁이의 편이 되어줄 사람은? 없다. 내 판단에 의하면 그도 역시 혼자다.

어느 쪽도 누군가에게서 도움을 받을 수 없었다. 양쪽이 혼자 힘으로 제로섬 게임을 하고 있었다.

그 상황에서 내가 사용할 수 있는 것은 많지 않았다. 협상 기술? 숨거나 숨기는 것? 그런 건 몸싸움에 아무 도움이 되지 않았다.

반면 약쟁이는 이런 게임에 익숙할 것이다. 그는 아마 여러 번 폭력 사건에 연루된 적이 있을 것이다. 그는 싸울 준비가 되어 있었다.

그가 손을 움직였을 때 나는 순간적으로 무기를 생각했다. 아차, 좀 더 조심해야 했다고 후회했다.

하지만 그가 처음으로 사용한 도구는 특별한 무기가 아니었다.

사실 약쟁이의 손에 무기는 없었다.

그의 동작은 속임수였다. 나에게 혼란을 주기 위한 동작이었다. 내가 진짜 공격을 보지 못하도록 하는 방법이었다.

그가 손을 움직였을 때 나는 그의 손에 무기가 있는지 확인했다. 그런데 그 순간 그는 뭔가 다른 행동을 시도했다. 이것은 아주 잘 알려진 오래된 전술이다.

약쟁이는 그의 머리를 움직였다. 그는 머리를 뒤로 젖혔다가 목을 꺾으면서 이마를 아래로 내리꽂았다.

사람의 이마는 단단한 뼈로 되어 있다. 뇌를 보호하도록 설계되었다.

그것은 또한 상대방을 공격하는 무기가 될 수 있다.

그의 이마가 내 왼쪽 눈썹 위로 떨어졌다.

나는 균형을 잃고 넘어졌다.

얼굴 위로 끈적거리는 액체가 흘렀다. 손에 붉은 물이 들었다. 피였다.

눈썹 위가 찢어져서 피가 흐르고 있었다. 모든 혈관은 뇌를 향해 간다. 뇌에서 생각을 할 수 있도록 영양분을 실어 나른다.

나는 다시 자리에 앉았다. 뒤로 기대앉았다. 약쟁이는 서서 나를 내려다보고 있었다.

피가 눈으로 흘러들었다. 이제 내가 할 수 있는 선택은 더욱 좁혀졌다.

단 두 가지밖에 없었다.

✶✶✶✶✶✶

생각은 비용이 들지 않는다. 따라서 얼마든지 자유로운 상상을 할 수 있다. 하지만 행동은 비용이 든다.

자료 수집에는 시간과 자원이 필요하지만 현대 기술의 발달로 정보를 구하는 일은 날이 갈수록 수월해지고 있다. 하지만 분석은 좀 더 어렵다. 그리고 올바른 결정을 내리는 것은 그보다 더 많은 자원을 필요로 한다. 마지막으로 결정을 실행에 옮기는 일은 거의 항상 가장 비용이 많이 든다.

생각은 언제든지 멈출 수 있다. 뒤집을 수 있다. 뒤로 이동할 수 있다. 더 많은 자료를 수집할 수 있다. 더 많은 분석을 할 수 있다. 결정은 다시 재고할 수 있다.

하지만 일단 실행에 옮기면 다시 되돌릴 수 없다.

행동이 비싼 이유는 또 있다. 행동은 시간과 자원 외에 또 다른 뭔가가 필요하다. 행동은 번복할 수 없는 일종의 약속과도 같기 때문이다.

행동은 아무리 사소한 것이라도 우리를 특정한 길로 인도한다. 세 가지 선택이 있을 때 한 가지를 선택하면 나머지 두 가지의 기회는 사라진다.

경제학자들은 이것을 '기회비용'이라고 말한다. 한 가지를 선택함으로써 다른 선택의 기회를 잃게 되는 것이다.

이처럼 자료 ⇌ 분석 ⇌ 결정 ⇌ 실행의 고리에서 실행에 가까워질수록 비용은 증가한다.

따라서 각각의 단계를 순차적으로 빈틈없이 통과해야 한다. 자료를 수집해서 분석하고 올바른 결정을 내려야 한다.

그리고 결정을 행동으로 옮길 때는 다시 한 번 그 결정이 적절한 것인지 따져봐야 한다. 안 그러면 잘못된 행동으로 인해 돌이킬 수 없는 대가가 치러야 할 수 있다.

* * * * * *

나는 이마에서 피를 흘리고 있었고 다소 충격을 받은 상태였다. 하지만 아직 정신을 잃지는 않았다.

휴대폰은 아직 내 주머니에 있었다. 나는 두 가지 중에 한 가지를 할 수 있었다.

1. 그대로 앉아 있는다.
2. 다시 일어난다.

그는 먼저 공격을 했다. 나를 때려눕혔다. 피를 흘리게 했다.

다행히 의식을 잃지는 않았다. 그가 공격을 했을 때 나는 그의 손을 보기 위해 고개를 숙이고 있었다. 턱을 내리면 목이 더 강해진다. 머리가 안정적이 된다. 만일 그의 공격을 받고 머리가 옆으로 돌아갔다면 정신을 잃을 수도 있었다.

아래를 내려다본 것은 실수였지만 그 덕에 최악의 상황은 피할 수 있었다.

나는 아직 의식이 있었다. 생각은 할 수 없어도 의식은 있었다. 자료를 수집하고 분석할 수는 없었지만 의식은 있었다. 어떻게 방어를 해야 하는지 본능적으로 판단할 수 있었다.

나는 지하철 의자에 앉아서 피를 흘리고 있었지만 아직 싸움이 끝난 것은 아니었다. 앞이 보이는 한쪽 눈으로 약쟁이를 노려보았다. 정신을 차리고 일어설 준비를 했다.

그리고 그가 다시 공격을 하기 전에 몸을 일으켜 세웠다.

그 때 약쟁이가 내가 예상하지 못한 행동을 했다.

전혀 뜻밖의 행동. 내가 꿈에도 생각하지 못한 행동.

약쟁이의 얼굴이 무너지면서 웃음소리가 터져나왔다. 마치 울부짖듯이. 늑대가 달을 보고 우는 것처럼 그가 웃고 있었다.

처음에 나는 무슨 일인지 몰라서 어리둥절했다. 그러고 나서 깨달았다.

그는 소리를 내서 웃고 있었다.

약쟁이는 웃고 또 웃었다. 마치 내가 앉아서 피를 흘리고 있는 것이 그가 이제까지 살면서 보았던 가장 웃기는 일인 것처럼 배를 잡고 웃었다.

그런 다음 그는 돌아섰다. 그는 여전히 웃으면서 나를 계속 돌아보며 뒤쪽으로 걸어가서 빈자리에 앉았다. 그리고 고개를 옆으로 돌리고 다시 나를 쳐다보았다.

그는 아직 웃고 있었다.

나는 일어서서 손으로 이마를 눌렀다. 심장이 쿵쾅거리고 있었고 손가락 사이로 피가 흘러내렸다. 손이 미끌거렸다.

나는 코트 주머니에 손을 넣어서 휴대폰이 아직 거기 있는지 확인했다. 그리고 내가 떨어트린 다른 물건이 없는지 확인하기 위해 주변을 훑어보았다.

지하철이 다음 정거장에서 정차했다.

내가 탄 차량에 있던 승객들 대다수가 빠져나갔다. 종점까지는 몇 정거장이 남아 있었지만 모두들 방금 나를 다치게 하고 낄낄거리는 미치광이와 같이 있기가 불안했을 것이다.

내 앞에서 청년이 내렸다. 혹시 도움이 되어줄지도 모른다고 생각했던 청년이다. 그는 나에게 다가와서 괜찮으냐고 현지 언어로 물었다.

현지 언어를 들으니 마음이 놓였다. 내가 항상 맨 먼저 하는 질문에 대한 답이 나왔기 때문이다. 그는 내가 스파이라는 것을 아는 사람인가? 답: 아니다.

괜찮다고 나는 그에게 말했다. 하지만 내가 분명 괜찮지 않게 보였는지 그는 다시 어디로 데려다 주면 좋을지 물었다.

나는 다시 그에게 감사했다. "아닙니다. 괜찮을 겁니다."

지하도에서 거리로 올라왔다. 길을 건넜다. 맞은편에서 오는 사람들이 보였다. 현지 경찰관들이었다. 피를 여기저기 묻힌 채 대중 속에 섞이려고 하는 나로서는 가장 만나고 싶지 않은 사람들이다. 그들은 나에게 질문을 할 것이다. 신분증을 보자고 할 것이다.

나는 의식은 있었지만 아직 생각은 하지 못하고 있었다. 변명거리가 생각이 나지 않았다.

그들은 나를 유심히 쳐다보았다. 한 명이 걸음을 멈추기 시작했다. 그러자 다른 한 명이 그를 앞으로 밀어냈다. 그들은 내 옆을 지나쳐갔다. 그들은 방금 교대 근무를 끝내고 돌아가는 중이었을지도 모른다. 피 묻은 사람을 상대하고 싶지 않았을 수도 있다.

그 날 동료에게 전화를 해서 사무실에서 해야 할 일을 대신 봐달라고 했다. 병원에 가서 상처에 반창고를 붙이고 얼음주머니를 대고 두 시간 동안 휴식을 취했다.

병원에 갔을 때는 의사에게 말할 이야기가 준비되어 있었다. 어쩌다가 다쳤는지? 무슨 일이 있었는지? 하지만 그런 이야기를 할 필요는 없었다. 아무도 내 이마가 찢어진 이유를 묻지 않았다. 그들은 잠자코 상처를 봉합해 주었다. 전신 마취는 필요하지 않았다. 필요했더라도 내가 거부했을 것이다. 단지 주사기로 두 번 찌르고 한참을 꿰매더니 끝났다.

그 날 오후에는 제보자와의 접선에 성공했다. 그는 괜찮은 사람처럼 보였다. 첫 번째 접선이 실패한 것이 조금 마음에 걸렸지만 별다른 문제점은 없었다. 그는 무뚝뚝한 남자였다. 전쟁을 겪었다. 스파이의 고충을 이해했다. 그는 내가 다친 것을 보고 걱정을 했다.

눈 위가 조금 찢어졌지만 별 일 아니다. 휴대폰을 뺏기지 않은 것으로 다행이었다.

그 제로섬 게임에서 얻은 것은 없지만 잃은 것도 없었다. 현상 유지가 결과였다. 조금 다친 것은 괜찮다.

집에 가자 아내가 깜짝 놀라 상처를 살펴보았다. 봉합이 잘 되어 있는지 확인했다. "큰일 날 뻔 했어요." 아내가 말했다. "이만하기가 천만 다행이에요."

공항 검색대에서 역으로 추론하기

20세기에 미국인으로 사는 것은 여러 모로 좋았다. 아프리카, 아시아, 남미에서 사는 것보다 미국에서 사는 것이 좋았다. 유럽에서 사는 것보다 훨씬 좋았다.

21세기 초에는 특별히 더 좋았다.

냉전이 끝났다. 베를린 장벽은 무너져 내렸다. 핵전쟁의 위험은 없었다. 침략 전쟁에 대한 걱정은 없었다. 생존에 대한 위협은 없었다.

게다가 미국 영향력이 확대되면서 무역과 기술에서 새로운 지평이 열렸다. 그럴수록 더 유리해졌다. 충돌은 사라지고 있었다. 미국인들은 부자가 되었다.

여전히 탐욕과 야망과 시장 붕괴와 불량 국가들이 있었

지만 추세는 긍정적이었다. 미국인들에게 세상은 점점 더 좋아지고 있었다.

9/11 테러가 일어나기 전까지.

쌍둥이 빌딩이 무너져 내렸다. 펜타곤이 공격을 받았다. 펜실베이니아 들판에 추락한 비행기에서 승객들은 끝까지 테러범들에게 대항했지만 결국 전원 사망했다.

아주 오랜 만에 미국 땅에서 많은 미국인들이 외국인들에 의해 죽임을 당했다.

거의 모두가 누군가 아는 사람이 죽었다. 내 경우에는 대학 기숙사에서 옆방에 살던 친구가 죽었다. 그의 여자친구는 첫 번째 비행기가 쌍둥이 빌딩에 부딪치기 20여분 전에 그 건물 앞에 그를 내려주었다.

비행기가 빌딩에 충돌한 것을 알고 그녀는 그에게 전화를 걸었다. 받지 않았다. 그녀는 미드타운에서 그의 전화를 기다렸다. 건물이 붕괴되면서 엄청난 먼지가 일어나는 것을 지켜보며 그가 커피숍으로 들어와 주기를 바랐다. 그가 로비에서 무슨 일이 생겨서 다시 건물을 빠져나왔기를 기도했다. 제발 그가 101층으로 올라가는 고속 엘리베이터를 타지 않았기를.

하지만 그는 엘리베이터를 탔다. 그리고 사무실에 들어

가서 책상 앞에 앉았다. 비행기가 건물로 돌진했을 때 그는 101층에 있었다.

그 후 그에게 어떤 일이 일어났는지는 모른다. 어쩌면 연기에 질식했을 수도 있다. 계단을 내려오고 있었을지도 모른다. 뛰어내렸을 수도 있다.

그가 다시 돌아오지 못한다는 사실 외에 아무도 그에게 무슨 일이 일어났는지 모른다.

많은 사람들이 우리 곁을 떠났다.

죽음을 마주한 사람이 느끼는 슬픔은 단계적으로 진행된다고 한다. 부정 → 분노 → 타협 → 우울 → 수용.*

하지만 모두가 이 다섯 단계를 끝까지 통과하는 것은 아니다. 어떤 사람들은 분노에 갇혀버린다.

그들에게 타협은 없었다. 우울감은 없었다. 수용은 없었다.

그들의 의식은 분노에서 멈추었다.

분노는 전쟁에 불을 지피는 연료다.

---

* 스위스 정신과 전문의 엘리자베스 퀴블러 로스 Elizabeth Kubler-Ross는 죽음을 마주한 순간부터 죽음을 수용하기까지의 심리 변화를 다섯 단계로 구분했다.

그러나 그것은 전에 알던 전쟁은 아니었다.

테러와의 전쟁이었다.

그러나 테러는 적이 아니다. 테러는 전략도 아니다.

테러는 전술이다.

테러는 전쟁의 도구다. 큰 게임 안에 있는 작은 게임이다.

미국인들은 혼란에 빠졌다. 그들은 미국이 전쟁을 하고 있다는 생각을 하고 있지 않았다. 그들은 왜 9/11이 일어났는지 알지 못했다. 미국은 왜 엄청난 테러를 당해야 했을까? 어째서 미국에게 적이 있는가?

그러나 대다수 미국인들에게 그 이유가 무엇인지는 중요하지 않았다.

중요한 것은 적이 있나는 사실이었다. 중요한 것은 저이 미국을 공격했다는 사실이었다. 수많은 무고한 미국인들이 희생당했다는 것이었다.

✱✱✱✱✱✱

2001년 9월 11일 오전 9시 25분 미국은 영공을 폐쇄했다. 그리고 9월 13일에 하늘길과 공항 문을 다시 열면서 두 번째 조치가 내려졌다. 보안이 강화되었다.

공항에는 더 많은 보안 검색대, X선 투사기, 폭발물 탐지기가 설치되었다. 승객들과 수화물을 조사하는 데 많은 시간이 걸렸다.

시간이 지나면서 사태가 진정되었다. 미국인들은 희생자들을 추모하고 다시 생활로 돌아가려고 애썼다.

9/11 테러 이후 한 달 만에 나도 역시 일상으로 돌아갔다. 아내와 미국 중서부를 여행했다. 친구들을 만났다. 가족들을 만났다. 우리에게 중요한 것이 무엇인지 생각했다. 우리가 하는 일이 왜 중요한지 생각했다.

그리고 워싱턴 DC로 돌아갈 시간이 되었다.

공항으로 가는 길이 막혀서 도착이 늦어졌다. 탑승 시간까지 얼마 남지 않았다. 보안 검색대에 줄이 길게 늘어서 있었으므로 아내는 나에게 가방을 맡기고 좀 더 짧은 줄에 가서 섰다. 아내는 보안 검색대를 순조롭게 통과해서 비행기를 잡아두기 위해 먼저 달려갔다.

나는 가방을 밀면서 앞으로 나아갔다. 손목시계로 시간을 보았다. 마침내 컨베이어 벨트에 짐을 올려놓았다. 그리고 지시에 따라 금속 탐지기를 통과했다.

그 때 검색대 직원이 나에게 그 자리에 서라고 손을 들어 보였다. 멈추라고 했다. 신발을 벗으라고 했다.

그는 어려 보였다. 스무 살을 갓 넘긴 청년. 일을 시작한 지 몇 주밖에 되지 않은 것 같았다.

나는 신발을 벗어서 그에게 건네주었다.

그는 의자를 가리켰다. 거기 앉으라고 했다.

보안 구역 안에 있는 모든 것이 바뀌었다. 사람. 절차. 기계 설비들.

하지만 아직 내부 구조는 바뀌지 않았다. 로프를 따라 가게 만들어진 통로가 있고 비좁은 공간에 전보다 더 많은 기계 장치를 들여놓았다.

내가 앉은 의자는 새로 설치한 폭발물 탐지기 앞쪽에 있었다. 아마 직원들이 휴식 시간에 앉는 의자 같았다. 임시로 나를 그 자리에 앉게 한 것이다.

내가 앉은 자리에서는 탐지기 화면이 완전히 보였다. 둥근 천이 말려 들어가는 방식의 기계다. 화면에는 네모 칸 안에 문자와 숫자가 쓰여 있었다. C4, TNT, PETN 등, 폭발 물질 이름이 스무 가지가 넘었다.

나는 멍하니 앉아서 기다렸다.

검색대 직원이 내 신발을 천으로 문질렀다.

그 때 비로소 생각이 났다. 그 신발을 언제 신었는지.

4개월 전이었다.

폭발물 훈련을 받을 때였다. 9/11 이전, 공항에서 신발에 묻은 폭발물 검사를 시작하기 전이었다.

심장이 두근거렸다. 시야가 흐려졌다. 시간이 느리게 흘러갔다.

생각을 해야 했다. 하지만 생각을 할 수 없었다. 생각하고 싶지 않았다.

아드레날린이 솟구치고 호흡이 빨라졌다. 근육이 바짝 긴장했다. 머리보다 몸이 먼저 반응하면서 어딘가로 도망치기를 원했다.

하지만 지금 움직이면 모든 공항 보안 직원들이 나에게

덤벼들 것이다.

나는 그대로 앉아 있었다.

심호흡을 했다.

다시 생각하려고 애썼다.

둥근 천이 신발 끈 위를 훑고, 옆으로 내려가서, 고무 밑창을 가로 질러, 한 바퀴를 돌고 다시 위로 올라갔다. 천천히.

천천히 그 둥근 천은 내 운동화에 묻은 미세한 폭발물 가루를 꼼꼼하게 훔쳐냈다.

충돌이 다가오고 있었다. 그리고 그 충돌은 내가 절대 원하지 않는 파급효과를 가져올 수 있었다 .

그 날 나는 아내와 비행기를 타고 DC로 돌아가야 했다. 무엇보다 CIA 요원이 미국 중서부의 공항 검색대에서 폭발물 가루가 묻은 신발을 신고 있다가 걸리면 아주 난처한 상황이 될 수 있다.

전략이 필요했다.

잠시 후에는 보안검색대에서 소동이 벌어질 것이다. 폭발물이 감지되면 경보가 울릴 것이다.

몇 초 만에 보안 구역이 폐쇄될 것이다.

모든 사람들의 눈이 내게 쏠릴 것이다.

10초 전. 젊은 보안 검색원은 내 운동화를 훔친 천을 탐지기에 넣었다.

나는 내가 원하는 가까운 미래를 그려보았다. 그것은 검색대를 무사히 통과해서 아내와 비행기에 올라 집으로 돌아가는 것이었다.

5초 전. 나는 내가 원하는 미래로부터 역으로 추론을 했다.

1초 전. 마침내 전략을 세웠다.

그리고 곧바로 폭발물 탐지기에 불이 들어왔다.

******

전략을 짜는 것은 목표를 정하는 것으로 시작된다.

따라서 미래를 내다보는 상상력이 요구된다.

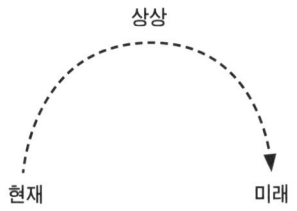

원하는 미래를 상상하는 것은 어렵지 않다. 우리는 종종 미래 어느 시점을 바라보고 계획을 세운다.

하지만 빈틈 없는 계획을 세우기 위해서 스파이들이 사용하는 특별한 생각법이 있다.

미래의 시점에서 뒤로 거슬러 유추해서 현재로 돌아오는 역추론을 하는 것이다.

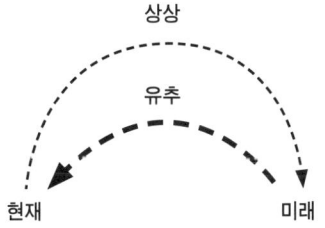

우리는 보통 앞을 내다보고 생각을 하기 때문에 거꾸로 유추를 하는 것은 익숙하지 않다.

미래에 있을 어떤 일을 상상할 때 우리의 의식은 앞을 향해 나아간다. 지금 여기에서 시작해서 미래의 어느 시점을 향해 간다.

하지만 성공하는 전략을 위해서는 반드시 역추론이 필요하다. 스파이는 역추론을 해서 전략을 짜고 계획을 세운다.

예를 들어, 스파이에게는 제보자를 만나는 것이 중요한 일 중 하나다. 제보자와 접선을 해야 정보를 얻을 수 있다.

그런데 접선을 하는 과정에는 위험한 요소들이 있다. 그래서 제보자와의 접선을 위해 만전을 기한다. 예기치 않은 사건이 일어나지 않도록 철저히 계획을 한다. 미행을 당하지 말아야 하고 제시간에 안전하게 만날 수 있어야 한다.

그래서 제보자와 접선을 하는 시점에서부터 현재에 이르기까지 유추를 해서 계획을 세운다.

접선할 장소와 시간이 정해지면 그 미래의 시점에서 시작해서 거꾸로 추론을 한다.

만일 6월 어느 수요일에 시내의 어느 카페에서 만나기로 했다면, 그 시점에서부터 거꾸로 계획을 세운다.

먼저 그 카페를 적당한 거리에서 감시할 수 있는 가까운 호텔들을 알아본다. 그 중에 가장 적절한 곳을 선택한다. 다음에는 그 호텔로 가는 교통편이 가장 편리한 공항을 찾아서 선택한다.

다음에는 그 공항으로 가는 비행기를 선택한다. 이런 식으로 어떤 교통수단을 이용해서 어떤 경로를 통해 갈 것인지를 정한다.

전략을 세우는 것도 마찬가지다. 목표 시점으로부터 뒤로 추론을 해서 빈틈없는 전략을 세운 후에 실행에 옮겨야 한다.

이러한 역추론은 일반인들에게 익숙하지 않지만 성공하는 전략을 위해 반드시 필요하다. 전략에 헛점이 생기는 것을 방지할 수 있다.

스파이에게 역추론을 하지 않는 것은 어둠 속에서 총을 쏘는 것과 같다. 위험한 길을 가게 된다. 함정에 빠질 수 있다.

전략에 빈틈이 있으면 불필요한 위험에 노출된다. 체포가 될 수도 있다. 그보다 더 나쁜 일도 일어날 수 있다.

스파이는 역추론을 할 수 있어야 하고 또한 신속하고 효율적으로 할 수 있도록 습관화해야 한다. 시간이 단 몇 초밖에 남지 않은 상황에서도 자동적으로 할 수 있어야 한다.

✶✶✶✶✶✶

9/11 테러가 있기 몇 달 전 여름 어느 날, 나는 폭파 시험 현장에 있었다.

자동차들이 산산조각이 났다. 낡은 탱크들이 폭발했다. 금속 파편이 사방으로 퍼져나갔다.

우리는 두꺼운 유리 뒤쪽에서 지켜보았다. 반쯤 땅 속에 묻힌 콘크리트 벙커 안에 숨어 있었다. 금속 파편이 우리 쪽으로 날아올 경우에 대비해서.

폭발이 일어난 후에는 잠시 기다렸다. 금속 파편이 모두 땅에 내려앉을 때까지 기다렸다가 밖으로 나왔다.

대기 중에 미세 먼지가 희뿌옇게 퍼져 있었다. 미세한 폭발 물질들이 떠 있었다. 머리카락, 입고 있는 옷, 피부에 내려앉았다.

그리고 신발에 내려앉았다.

폭발 현장에 가까이 있으면 온 몸이 폭발 잔류물로 뒤덮인다. 공기에서 내려오고 흙에서 올라온다.

9/11 테러 이후 몇 주 후에 나는 아무 생각 없이 그 곳에서 신었던 신발을 꺼내 신고 공항에 갔다. 그 신발은 미세한 폭발 물질로 덮여있었다.

그 신발을 지금 공항의 보안 경비가 검사하고 있었다.

9/11 테러 후에 내 임무가 변경되었다. 장기전에 대비하는 임무에서 목전의 대테러 작전과 관련된 임무로 바뀌었다. 대대적인 조정이 있었다. 새로운 훈련을 받고 새로운 작전에 투입되었다.

그러나 나는 그 변화에 곧바로 적응하지 못했다. 모든 새로운 위기에 대해 충분히 생각하지 못했다. 신고 있는 신발에 대해 생각하지 못했다.

그래서 어리석은 실수를 했다.

초짜나 하는 실수였다.

이제 공항 검색대 직원이 내 신발을 검사하고 있었다. 폭발물질이 잔뜩 묻어있는 신발을.

그것은 사느냐 죽느냐의 문제는 아니었다. 신발에 묻은 미세한 폭발물 가루가 누구를 죽일 수는 없다. 그러나 당시에는 분명 심각한 문제였다.

이 문제를 지금 여기서 해결하지 못하면 CIA 상사들의 귀에 들어갈 것이다. 그들은 이런 이야기를 좋아한다. 그들은 현장 요원들이 예기치 않은 상황에서 어떻게 행동하는지, 긴박한 상황에 얼마나 잘 대처하는지 알고 싶어 한다.

폭발물 가루로 덮인 신발을 신고 있다가 공항 검색대에서 걸린 것은 큰 시험이었다. 그 시험을 통과하지 못하면 어떤 결과가 올지 알 수 없었다.

전략을 수립할 때가 되었다.

대대적인 전략은 아니다. 보편적 대의를 위한 전략은 아니다. 작은 전략. 개인적인 전략. 당황하지 않고 그 상황을 무사히 넘길 수 있는 전략.

나는 역으로 유추를 해서 목표를 정했다.

그 목표는 첫째 아내와 DC로 돌아가는 비행기에 탑승하는 것이었다. 둘째는 내가 폭발물 가루가 잔뜩 묻은 신발을 신고 공항에 나타났다는 이야기가 상사의 귀에 들어

가지 않도록 하는 것이었다.

우선 내가 비행기를 탈 수 있으려면 보안 책임자가 나를 풀어주도록 해야 한다. 내 신발을 검사하는 직원에게 나를 풀어주도록 지시를 내리도록 해야 한다.

나는 폭발물 탐지기 앞쪽에 앉아 있었다. 검색대 직원이 탐지기 안에서 내 신발을 훔친 수건이 빙글빙글 돌아가는 것을 보고 있었다. 경보가 울리기를 기다리면서.

나는 보안 책임자가 폭발물에 대해 추궁을 당할 때 그에게 해줄 이야기를 생각했다. 그가 납득을 하고 나를 풀어줄 수 있는 이야기를 꾸며내야 했다.

그럴듯한 이야기가 나왔다. 정확하게 진실은 아니지만 거짓말도 아니었다. 무엇보다 CIA를 언급할 필요가 없었다. 나는 그 이야기에 허점이 없는지 머릿속으로 다시 한 번 점검했다.

허점은 없었다. 준비가 되었다.

그 때 폭발물 탐지기 화면이 켜졌다.

탐지기 화면에 표시된 칸에 일제히 불이 들어왔다.

TNT. C4. PETN. 등등. 알고 보니 교육을 받을 때 들어보지 못한 폭발 물질도 신발에 묻어 있었다.

"헉, 이럴 수가!" 검색대 직원이 조그맣게 외치는 소리가 내 귀에도 들렸다.

그는 감독관을 향해 전속력으로 달려갔다. 그리고 감독관에게 손으로 나를 가리켰다. 감독관이 신호를 보내자 사이렌이 울렸다. 2초 만에 보안구역이 폐쇄되었다.

감독관이 부하 직원들을 불러 모았다. 무리가 지어졌다. 경기를 시작하는 축구팀처럼. 누군가의 머리가 위로 올라 왔다가 내려가곤 했다. 나를 쳐다보는 것이었다.

나는 순진한 표정을 지으려고 애썼다. 아무것도 모른다는 듯.

그 동안 내가 만든 이야기를 듣고 감독관이 어떤 질문을 할지, 어떻게 대답을 할지 생각했다.

'나는 워싱턴에서 일하고 있다. 콴티코 기지에 있는 FBI의 시설을 둘러보는 공식 관람을 했다. 관람 일정 중에 FBI의 폭발물 시험 훈련이 있었다. 나는 이 신발을 신고 그 지역을 걸어 다녔다.'

이렇게 이야기하면 공항 보안 감독관이 납득을 할 것이다. 존경심을 보일지도 모른다. FBI는 공항 보안 감독관보다 서열이 더 높다. 콴티코 기지에서 FBI의 훈련을 관람했다고? 그것으로 충분하다. CIA를 언급할 필요도 없다.

게다가 그 이야기는 부분적으로 사실이다. 나는 실제로 콴티코 기지에 간 적이 있다. 그러나 그 방문은 비공식이었다. 다만 그 신발을 신고 있지 않았다. 상관없었다.

감독관이 다가왔다. 그의 뒤로 보안 요원들이 따라왔다. 마치 미식축구 팀이 스크리미지 라인에 접근하는 것처럼. 감독관은 약간 뛰듯이 걸었고 보안 요원들은 그를 양쪽에서 호위하듯이 따라왔다.

그는 나이가 지긋했다. 머리가 희끗거렸다. 맡은 일을 꼼꼼하게 하는 타입으로 보였다. 성실한 사람. 아마 어린이 야구단 코치로 자원봉사를 하고 있을지도 모른다. 그는 선수에게 고함을 치는 대신 벤치에 앉혀 놓을 것이다.

그가 말을 건넸을 때 나는 그런 인상을 받았다. 나에게 벤치에 앉으라고 하는 것처럼 느껴졌다.

"미안하지만," 그가 말했다. "당신 신발을 한 번 더 X레이 기계에 통과시켜야겠군요."

어쩌면 내 생각이 틀렸을 수 있다. 그는 영리한 사람일지 모른다. 어쩌면 은퇴한 형사일 수도 있다. 나를 구슬려서 자백을 받아내려고 할 수도 있다. 나를 떠보려는 것일 수도 있다.

"그러시죠." 내가 말했다. "상관없습니다."

아내는 지금 게이트에서 나를 기다리고 있을 것이다. 내가 금방 따라올 것이라고 생각하면서. 비행기 이륙을 늦추려고 실랑이를 하면서.

감독관이 내 신발을 엑스레이 기계에 통과시켰다. 신발은 깨끗하게 나왔다. 신발 안에 실제로 폭발물이 있어도 그렇게 나올 수 있다. X레이를 통과할 때 구두창처럼 보이도록 폭탄을 만드는 것은 어렵지 않다.

감독관이 나에게 X레이 기계 쪽으로 오라고 손짓을 했다. 그는 은퇴한 형사일 수 있었다. 나는 그에게 심문을 받을 마음의 준비를 했다.

그에게 할 이야기가 준비되어 있었다. 그리고 질문에 답할 준비가 되었다. 언제 콴티코 기지에 갔는가? 거기서 누구를 만났는가? 누가 그 방문을 주선했는가? 무슨 일로 갔는가? 무슨 일을 하는가? 그 이상 더 깊은 질문은 하지 않기를 바랐다.

하지만 그는 나에게 질문 대신 메모판을 내밀었다.

"여기 탑승권 번호를 쓰시죠." 그가 말했다.

나는 그를 노려보았다. 속임수인가? 내가 누군지에 대해 묻지 않을 건가? 폭발물 가루에 관해 아무것도 묻지 않는 건가?

나는 탑승권을 꺼내 항공편 번호와 연락처를 적어서 감독관에게 돌려주었다.

그는 메모판을 들여다보았다. 그리고 다시 한 번 나를 쳐다보았다.

"이제 신발을 가져가셔도 됩니다." 그가 말했다. "편안한 여행 하십시오."

그는 야구팀 코치나 은퇴한 형사가 아니었을지도 모른다. 그는 단지 보안구역에서 최대한 신속하게 많은 사람들을 통과시키려고 했을지도 모른다. 폭발물 탐지기에서 나온 증거에도 불구하고 그는 나를 요주의 인물로 여기지 않았다.

어쨌든 나는 운 좋게도 무사히 고비를 넘겼다. 아내는 게이트 담당 직원과의 논쟁에서 이겼다. 우리는 비행기에 탑승했다. 내 뒤에서 문이 닫혔다.

나는 자리를 찾아 가서 앉아 신발을 갈아 신었다. 그리고 DC에 도착했을 때 가장 먼저 눈에 들어온 휴지통에 폭발물이 묻은 신발을 버렸다.

그것으로 끝이었다.

아무도 나에게 연락하지 않았다. 아무도 내 신발이 폭발물 가루로 덮여 있었던 이유에 대해 묻지 않았다.

★★★★★★

폭발물 가루가 잔뜩 묻어있는 신발을 신은 사람이 공항 검색대를 통과했다면 9/11 테러 이후 미국의 대 테러 전술에 문제가 있다는 것이었다.*

미국은 9/11 테러 이후 공항 보안을 강화했다. 보안을 위해 막대한 자원을 투자했다. 때로는 효과적이었다. 하지만 내가 무사히 풀려난 것처럼 완벽하지는 않았다.

게다가 보안이 필요한 곳은 공항만이 아니다.
미국은 넓은 곳이다. 취약한 장소가 많이 있다. 쇼핑몰. 경기장. 공원. 사람들이 많이 모이는 장소들. 취약한 장소가 너무 많아서 그 모든 곳을 지켜볼 수는 없다. 그 모든 곳을 방어할 수는 없다.

---

* 공항 보안 감독관은 나름의 근거를 갖고 나를 풀어주었을 것이다. 실제로 폭탄을 제조한 사람이라면 신발에 한두 가지 종류의 폭발물 잔류물이 남아 있을 것이다. 따라서 온갖 종류의 폭발물 잔류물이 남아 있다는 것은 다른 이유가 있을 것이라는 해석이 가능하다.

9/11 이후 몇 달 동안 미국인들은 쇼핑몰을 멀리했다. 경기장을 멀리했다. 사람들이 모이는 곳을 멀리했다.

미국은 빈 라덴이 다시 공격하기를 기다렸다.

어떤 식으로 공격을 해올지 기다렸다.

그러나 공격은 없었다.

왜?

적은 두 가지가 있을 때 공격을 한다.

1. 공격 능력
2. 공격 의지

9/11 테러 이후 미국의 전략은 빈 라덴의 공격 능력을 무력화하는 것이었다.

엄청난 돈과 시간과 인력이 한 가지 목적을 위해 투자되었다. 빈 라덴이 미국을 다시 공격할 수 없도록 만들기 위해.

그러나 두 번째 문제가 있었다. 공격 의지.

빈 라덴은 미국을 다시 공격할 의지가 있을까?

미국인들에게 이것은 모욕적이고 불쾌한 질문이었다.

물론 빈 라덴은 미국을 다시 공격하기를 원했을 것이다. 빈 라덴은 이미 미국에 치명상을 입혔다. 그는 분명 공격 의지를 갖고 있었다.

따라서 미국은 대비책을 세워야 했다. 하지만 적은 지난번에 한 일을 다시 또 하지는 않을 것이다. 이미 시도한 적이 있는 전략을 다시 되풀이하지는 않을 것이다.

적은 뻔히 보이는 공격은 하지 않을 것이다. 그보다는 전략을 더 복잡하게 발전시킬 것이다.

그리고 의지와 능력이 갖추어질 때 공격을 해올 것이다.

적의 공격을 예측하고 막기 위해서는 그들의 전략을 알아야 한다.

그래서 적이 공격을 해올 때 우리도 준비가 되어 있어야 한다. 적이 공격을 해올 때 우리가 어떻게 할 것인지 알아야 한다. 적이 공격을 해올 때 방어할 수 있는 전략을 갖고 있어야 한다.

2장
전략

스파이는 평범한 사람들 속에 섞여 있다.
스파이는 상담원, 공무원, 기술자처럼 행동한다.
스파이는 스파이가 아닌 것처럼 행동한다.
뻔히 보이는 곳에 숨어서.
스파이는 평범한 안경을 쓰고 있다.
평범한 머리 모양을 하고 있다.
몸수색을 받을 경우에 대비해서 평범한 속옷을 입고 있다.
스파이는 누가 보아도 평범한 사람처럼 보인다.

**제보자의
거짓말**

숨겨진
의도

그는 나에게 거짓말을 했다.

그 후에도 계속해서 더 많은 거짓말을 했다.

하지만 진짜 문제는 따로 있었다.

문제는 그가 스파이라면 하지 말아야 하는 행동을 했다는 것이다.

사실 따지고 보면 정체를 숨기고 살아가는 스파이는 삶 자체가 거짓이다. 보통 스파이가 거짓말을 하는 이유는 두 가지 중 한 가지다.

1. 뭔가를 숨긴다.
2. 신분을 숨긴다.

때로는 두 가지 모두 해당된다. 하지만 그가 한 거짓말은 그렇지 않았다. 둘 중 어느 것도 해당되지 않았다. 오히려 그 반대였다.

그는 자신을 노출시켰다. 스스로 위험한 상황을 만들었다.

단지 그 자신만 위험해진 것이 아니라 나까지 위험해졌다.

나는 그가 어쩌다가 우리에게 거짓말을 하게 되었는지 알아야 했다. 그가 거짓말을 하게 된 이유를 알아야 했다.

그는 뭔가 실수를 하고 나서 그것을 덮기 위해 우리에게 거짓말을 했을 수 있다. 순간적으로 흥분을 했거나 감정에 휘말렸을지도 모른다. 당황했거나, 창피했거나, 불안했거나……

그리고 일단 한 번 거짓말을 하자 계속해서 또 다른 거짓말을 해야 했을 것이다. 두 번째, 세 번째, 네 번째 거짓말을 해야 했을 것이다. 첫 번째 거짓말을 숨기기 위해.

그랬을 수 있다.

하지만 처음에 어떻게 시작을 했거나 그 후에 다시 거짓말을 했다면 그것은 의도적인 거짓말이 된다.

법정에서 판사들이 어떤 원칙에 의해 선고를 하는지 생각해보자. 그들은 어떤 사건이 일어난 이유를 알고자 한다. 만일 피고가 살인을 저질렀다면 살인을 저지르게 된

동기를 알고자 한다.

우연한 사고? 부주의? 그렇다면 3급 살인이다. 치정에 의한 살인은 2급 아니면 3급이다. 고의적인 살인, 미리 계산해서 저지른 냉혹한 살인은 1급이다. 1급은 죄질이 가장 나쁘다.

만일 처음에 3급 살인을 저지르고 나서 그 사건을 덮기 위해 다시 살인을 저질렀다면 그것은 1급 살인이 된다.

그가 처음에 어떤 사정으로 거짓말을 시작했든지 간에 이제 그의 거짓말은 의도적이 되었다.

그리고 그가 처음에 왜 거짓말을 했는지 알아야 하는 중요한 이유가 있다. 그 이유를 알아야 그가 다음에 어떤 행동을 할지 알 수 있고 그에 따라 나도 전략을 세울 수 있기 때문이다.

만일 그가 의도적으로 거짓말을 했다면 자료 ⇌ 분석 ⇌ 결정 ⇌ 실행의 과정을 거쳤을 것이다. 그렇다면 그 과정을 역으로 추론해서 그의 전략을 파악할 필요가 있다.

그는 어쩌다가 그런 선택을 했을까?

어떤 분석을 통해 그런 결정을 했을까?

그 분석은 어떤 자료나 정보를 기초로 했을까?

이렇게 역으로 추론을 해볼 필요가 있다. 그러면 앞으로의 그의 전략을 짐작해볼 수 있다.

우리가 다음에 만날 때 그는 어떻게 식으로 접근할 것인가? 용서를 구할 것인가? 공격적으로 나올 것인가? 아니면 한 무리의 친구들을 동원해서 위협을 해올 것인가?

그는 다음에 어떻게 행동할 것인가?

이것은 전략적 질문이다.

게임에서 이기려면 전략적인 질문을 해야 한다. 그래서 내가 X를 하면 상대방이 어떻게 할지, 내가 Y를 하면 상대방이 어떻게 나올지 예상하고 그 모든 것을 종합해서 전략을 세워야 한다.

상대의 전략을 알면 그에 대응하는 전략을 세울 수 있다.

하지만 한 가지 문제가 있었다. 그의 행동을 예측하기 어려운 문제.

그것은 내가 그의 거짓말을 안다는 사실을 그가 알고 있다는 것이었다.

그는 자신의 거짓말이 들통 났다는 것을 알았다.

따라서 그는 내가 다음에 어떻게 나올 것인지 생각하고

대비할 것이다.

그는 아마 최악의 시나리오를 생각할 것이다.

그리고 그도 역시 전략적으로 생각할 것이다.

따라서 그는 내가 예상하지 못하는 행동을 할 수 있었다. 위험한 행동을 할 수 있었다.

그는 머릿속으로 스파이 영화에서 본 최악의 시나리오를 생각하고 있을 것이다. 영화에서 스파이들이 어떻게 하는지 생각할 것이다. 그래서 007의 제임스 본드나 본 시리즈의 제이슨 본이나 미드 24 시리즈의 잭 바우어처럼 행동할지도 모른다. 그는 첩보영화 매니아였다. 그는 첩보영화에서 스파이들이 하는 말을 즐겨 인용했다. 그는 우리를 그들에게 비유해서 표현하기를 좋아했다.

이것은 문제였다.

영화에 나오는 스파이들은 살인 면허를 갖고 있다. 영화에서 스파이들은 거리낌 없이 사람을 죽인다. 도시 전체를 통째로 날려버리기도 한다. 제보자가 거짓말을 한 것보다 덜 중요한 이유로도.

지금 그는 내가 어떻게 할지 생각하고 있을 것이다. 아마 내가 자신을 해칠 것이라고 생각할지도 모른다. 생명의 위협을 느끼고 있을지도 모른다. 심지어는 내가 자신의 가족을 해칠지도 모른다고 생각할지도 모른다.

내가 그와 그의 가족을 해치는 일은 절대 없을 것이다. 하지만 그는 내가 어떻게 할지 모르고 있었다.

그는 회사원이나 사업가가 아니다. 평범한 남자가 아니다. 그는 터프가이다. 프로 싸움꾼이다. 싸움에서 이기기도 했고 지기도 했던 그는 먼저 공격하는 사람이 보통 이긴다는 생각을 갖고 있을 것이다.

만일 나와 싸워야 한다고 생각하면 그는 나보다 먼저 움직일 것이다.

그는 먼저 공격을 해올 것이다.

그렇다면 나에게는 두 가지 선택이 있다.

1. 그가 공격해오기를 기다린다.
2. 그가 공격하기 전에 내가 먼저 공격한다.

그도 역시 이것을 알고 있다. 만일 내가 두 번째를 선택할 것이라고 생각하면 그는 더 빨리 움직일 것이다.

따라서 누가 먼저 공격을 하느냐가 관건이 될 것이다.

만일 우리가 둘 다 싸움을 해야 한다고 생각하면 분명

싸움이 일어날 것이다. 둘 중 하나 먼저 기회를 잡는 쪽이 먼저 공격을 할 것이다. 우리는 죄수의 딜레마에 빠져 있었다.*

그래서 자칫 위험한 상황이 벌어질 수 있다.

나도 알고 그도 알고 있다.

따라서 섣불리 행동해서는 안 된다.

✶ ✶ ✶ ✶ ✶ ✶

이라크 전쟁이 일어나기 전 2002년, 이라크의 대량 살상무기WMD 상황을 다시 돌이켜보자. 당시 언제 무슨 짓을 할지 모르는 미치광이로 여겼던 인물, 사담 후세인의 생각을 들여다보자.

미국은 사담 후세인이 대량살상무기를 갖고 있다는 정보를 입수하고 십여 년에 걸쳐 그를 추적했다. 유엔을 끌어

---

* 두 죄수가 서로를 믿지 못해서 자신의 감형을 위해 결국 둘 다 불리해지는 진술을 하는 것을 말한다.

들였다. 사찰단을 보냈다. 사담 후세인에게 대량살상무기가 없다는 것을 세상에 증명해보일 것을 촉구하는 결의안을 채택했다.

미국의 궁극적인 게임은 사담 후세인이 대량살상무기를 포기하도록 만드는 것이다. 안 그러면 이라크를 공격할 생각이었다.

사담 후세인은 대량살상무기를 스스로 폐기하거나 미국과의 전쟁 중에 하나를 선택해야 했다.

사담 후세인은 미국과의 전쟁을 선택했다.

왜?

사담 후세인이 생각하는 궁극적인 게임은 미국과의 전쟁이 아니었기 때문이다. 유엔이나 국제 사회와의 게임도 아니었다. 사담 후세인이 생각하는 직의 순위에서 미국과 UN은 한참 아래쪽에 있었다.

사실 사담 후세인의 가장 큰 적은 내부에 있었다. 사담 후세인은 쿠데타로 권력을 잡았다. 그는 정상에 오른 후에 많은 동료 당원들을 처형했다. 여러 차례 자신의 생명을 노리는 시도를 진압했다. 그는 같은 장소에서 이틀을 연속으로 묵은 적이 없었다. 이라크의 정치는 가장 가혹한 제로섬 게임이었다. 그 게임에서 지는 것은 목숨을 잃는 것을 의미했다.

사담 후세인에게 두 번째로 중요한 게임은? 역시 제로섬 게임이었지만 내부의 적과 싸우는 것은 아니었다. 그것은 이란과의 게임이었다. 1980년대 이란과 이라크는 치열한 국경 분쟁을 계속했다. 수만 명이 사망했다. 화학무기도 사용되었다. 사담 후세인의 머릿속에서는 언제든지 이란과의 전쟁이 다시 일어날 수 있었다.

이 두 가지 제로섬 게임에서 승리하기 위한 사담 후세인의 전략은 무엇이었을까? 그의 전략은 복잡했다. 외부인은 알기 어려운 많은 문제들이 얽혀 있었다. 그러나 사담 후세인이 어떤 게임을 했는지 알면 그가 왜 대량살상무기를 포기할 수 없었는지 이해가 된다.

이라크 전쟁이 끝난 후 FBI 요원이 사담 후세인에게 WMD에 관해 심문했다. 그 FBI 요원은 사담 후세인에게서 들은 이야기를 한마디로 요약해서 말했다. "후세인은 이라크가 적들, 특히 이란에게 약하게 보이지 않으려고 했다."

사담 후세인은 이란이 공격해오는 것을 막기 위해 이라크에 대량살상무기가 있는 것처럼 허세를 부렸다.

사실 그는 이라크 내에 대량살상무기가 있는 것을 원하

지 않았다. 왜냐하면 내부에서 누군가 대량 살상무기를 장악하고 그의 자리를 위협할 수 있기 때문이었다.

사담 후세인은 내부의 적과 이란을 상대로 하는 두 가지 게임에서 승리할 것인지 아니면 미국과의 전쟁을 치를 것인지 사이에서 선택을 해야 했다. 그는 전에도 미국과의 전쟁에서 패배했지만 그 후에도 권력을 유지했다.

대부분의 사람들이 그렇듯이, 사담 후세인은 좀 더 가까이 있는 위협을 먼저 물리치기로 했다. 그래서 그는 다음과 같은 세 가지 결정을 내렸다.

1. 국제 사찰단에게 대량살상무기WMD가 없다는 사실을 모르게 한다.
2. 내부자들에게 대량살상무기WMD가 없다는 사실을 모르게 한다.
3. 미국이 주도하는 국제 연맹과 싸운다.

사담 후세인은 대량살상무기를 보유하고 있지 않으면서도 있는 것처럼 생각하게 만들었다.(조금은 갖고 있었다.) 이러한 그의 전략은 내부의 적이나 이란과의 게임에서는 효과가 있었다.

그러나 미국과 국제 연맹을 상대로 한 게임에서는 역효

과를 가져왔다.*

뉴욕타임스는 이라크전 15주년을 기념해서 미국에 거주하는 이라크 소설가 시난 안툰의 「15년 전 미국이 내 조국을 파괴했다」는 칼럼을 실었다. 안툰은 사담 후세인의 잔인한 독재 통치와 미국이 주도한 전쟁을 모두 반대했다. 그는 이라크전이 결국 네가티브섬 게임으로 이어졌다는 결론을 내렸다. 미국의 침공은 이라크를 큰 혼란에 빠뜨리고 민족 간 긴장을 고조시켰으며 민간인 수십만 명을 죽였다. 다른 한편으로는 지역 불안정을 야기해 자칭 이슬람국가 IS의 부상을 가능하게 했다. IS는 이라크 영토의 상당 부분을 점령하고 소수 민족인 야디지 족을 대량 학살했으며 전 세계에 테러를 확산시켰다.

---

* 사담 후세인 (1937. 4. 28~ 2006. 12. 30) 쿠데타에 참가하여 혁명평의회 부의장이 된 후 1979년 이라크의 대통령에 취임하였고 쿠웨이트를 기습 점령하여 걸프전을 일으키지만 패배한다. 이라크가 보유한 대량살상무기WMD를 제거한다는 명분으로 미국과 이라크 사이에 전쟁이 발발, 패배 후 체포되어 전범재판에 회부되어 사형을 당했다.

✶✶✶✶✶✶

나에게 거짓말을 한 그 제보자는 처음에 자청해서 먼저 우리에게 연락을 해왔다.

나는 그에게 감사했다. 제보자가 있으면 시간을 절약할 수 있다. 더 빨리 조사를 할 수 있다. 정보를 빨리 얻을 수 있다. 빨리 움직일 수 있다.

그러나 너무 서두르면 안 된다. 제보자로 인해 우리의 신분이 노출되기 쉽기 때문이다. 경쟁국의 정보기관에서 내 정체를 알아낼 수 있다. 더 나쁜 건, 이중첩자를 만날 수 있다는 것이다. 그는 이중첩자일 수도 있었다.

그의 배경 조사에서 위험 요소는 보이지 않았다. 그렇다고 해서 그가 이중첩자가 아니라는 의미는 아니다. 만일 그가 이중첩자라면 그가 유능한 요원이라는 의미일 수 있다.

첫 번째 접선에서 나는 평소에 하던 대로 준비를 했다. 그와 공공장소에서 만나자고 약속을 정했다. 그리고 마지막 순간에 장소를 한 차례 변경했다.

그가 식당 안으로 들어왔을 때 나는 먼저 와서 자리에

앉아 있었다.

그는 잠시 두리번거리다가 비어 있는 테이블을 찾아가서 앉았다. 나는 그가 그 곳에 앉아 있도록 내버려 두었다. 그리고 그에 대한 자료를 수집하고 분석을 했다.

그는 검소하면서 단정한 차림이었다. 멋을 부리는 타입은아니었다. 아니면 돈이 없거나. 허름한 신발을 신었다. 걸어왔는지 흙먼지가 묻어 있다. 그는 언제라도 일어설 것 같은 자세로 앉아 있었다. 여차하면 도망이라도 칠 것처럼.

그는 눈을 빠르게 움직였다. 그러나 겁을 먹은 것은 아니다. 강박적인 행동도 아니다. 기대감과 긴장감이 교차하는 듯하다.

지나치게 긴장한 것은 아니다. 땀을 흘리지 않는다. 가슴에 폭발물을 두르고 있는 사람은 아니다.

그는 헐렁한 셔츠를 입고 있었다. 팔이나 허리춤, 아니면 발목 아래 뭔가를 감추고 있는 것 같지는 않다.

그가 자리에 앉고 난 후에 열 명 이상의 사람들이 식당을 드나들었다. 나는 그의 인내심을 시험할 만큼 충분히 오래 앉아있게 했다. 그가 손목시계를 흘끗거릴 만큼 충분히 오래. 그 동안 무슨 일이 일어났을 수 있을 정도로 충분히 오래 기다리게 했다.

아무 일도 일어나지 않았다.

마침내 나는 자리에서 일어나 그의 옆으로 걸어갔다. 그의 두 손에서 눈을 떼지 않으면서. 그는 테이블 위에 손을 올려놓고 있었다.

내가 그의 이름을 부르자 그는 나를 똑바로 쳐다보았다. 그가 주위를 흘끗거리지 않는다는 것은 좋은 신호였다. 그는 다른 사람들을 의식하지 않았다. 나에게 모든 관심을 집중했다.

나는 그의 맞은편에 가서 앉았다. 그와 눈을 마주치고 미소를 지었다. 그 다음에는 그에게서 눈을 돌렸다. 다른 사람들이 내가 한 행동에 어떻게 반응하는지 보려고 주위를 둘러보았다.

몇 사람이 나를 쳐다보고 있었다. 그들은 잠시 나에게 눈길을 주었다. 그것은 정상적인 반응이다. 내가 다른 테이블로 옮겨가서 앉았으니 당연히 그 이유가 궁금했을 것이다. 하지만 오래 궁금해 하는 사람은 없었다. 아무도 나에게 관심을 갖지 않았다. 아무도 그에게 관심을 갖지 않았다.

그러나 그것은 단지 가설이었다. 모든 가설은 시험을 해서 확인을 해야 한다.

나는 가장 오래 나를 쳐다본 사람을 골랐다. 그는 제보자를 뒤따라 들어왔다. 그는 우리가 앉은 테이블이 잘 보이는 곳에 가서 앉았다. 누군가가 우리와 관련이 있다면 그 남자였다.

나는 그를 쳐다보았다. 그를 불편하게 만들 정도로 충분히 오래. 그도 나를 마주보았다. 눈을 돌리지 않았다.

그가 머리를 굴리는 것이 보였다. 그는 내가 혹시 아는 사람이 아닌지 생각하고 있었다. 내가 왜 자신을 쳐다보는지 궁금해 하고 있었다. 그러다가 그는 결국 포기하고 눈을 돌렸다.

이상 없음.

처음 만나는 제보자와의 대화는 최대한 편안하게 시작한다. 새로운 사업을 소개하듯이. 채용 면접을 보듯이. 그에게 간단한 자기소개를 부탁했다.

그는 자신이 어디에서 태어나고 자랐으며 가족 관계는 어떻게 되는지에 대해 이야기했다.

나는 곧바로 본론에 들어갔다. "왜 우리에게 연락한 거죠?"

"도움이 되고 싶어서요. 쌍둥이 빌딩이 무너지는 걸 봤죠. 정말 끔찍했죠. 그 많은 죽음. 그 엄청난... 파괴. 끔찍한 날이었습니다. 도움이 되고 싶습니다. 그런 일이 다시는 일어나지 않도록 해야죠."

기특하긴 하지만 감격스럽지는 않다. 9/11은 벌써 몇 년 전 일이다.

"왜 기다린 거죠? 왜 지금이죠?" 내가 물었다.

"당시에는 할 수 없었습니다. 다른 일들이 있어서…… 그동안 나설 수 없었어요. 하지만 이제는 제가 도울 수 있는 일이 있다면 돕고 싶습니다."

나는 그의 직업이 무엇인지 물었다. 무슨 일을 하고 있는지.

그는 자기 이야기를 시작했다.

이야기 안에는 자료가 있다. 그 자신의 선택에 의해 걸러진 자료. 따라서 그가 무엇을 중요하게 생각하는지 알 수 있다. 무엇보다 자기 자신을 어떻게 생각하는지 알 수 있다.

그는 자신을 영웅으로 생각할까? 아니면 관찰자? 아니면 희생자?

"경호원으로 일합니다." 그가 말했다. "중요한 사람을 보호하는 일이죠."

그는 잠시 멈추었다가 부연설명을 하듯이 계속했다. "얼마 전에는 사고가 있었어요. 그들이 총을 꺼냈죠. 제 의뢰인은 차 뒷좌석에 타고 있었죠. 저는 몸으로 그를 막았고, 운전사는 가속 페달을 밟았죠. 간신히 빠져나왔습니다."

"당신도 총을 쐈나요?" 내가 물었다.

"아니요." 그는 다소 아쉽다는 듯이 말했다.

"다친 사람은 없었나요?"

"없었어요." 그는 웃었다. "몇 마일을 달리다가 차를 멈추고 밖으로 나와 보니 미등이 총에 맞아서 깨져 있더군요. 하지만 그게 전부였죠."

그는 계속 미소를 띠고 있었다. 그는 아드레날린이 휩쓸고 지나간 후에 느꼈던 안도감을 떠올리며 즐기고 있는 듯 했다.

그것은 문제였다. 그는 요주의 대상에 속하는 유형이었다. 영웅은 아니다. 방관자는 아니다. 희생자도 아니다.

그는 터프가이 유형이었다.

터프가이는 흔적을 남기고 다닌다. 미등이 깨진 유리조각, 탄피, 시체를 뒤에 남긴다. 모두들 그가 거기 있었다는 것을 알게 된다.

스파이는 그런 흔적을 남기지 않는다. 우리가 거기 있었다는 것을 아무도 모르게 한다. 총격전을 피한다. 유혈극을 피한다. 아무도 모르게 들어가고 나온다.

그러나 그가 터프가이 유형이라는 것도 단지 가설일 뿐이다. 그는 진짜 터프가이일 수도 있고, 아니면 터프가이 흉내를 내는 것일 수도 있다. 나에게 터프가이처럼 보이고 싶어 하는 것은 더 나쁘다.

어느 쪽도 확실하지 않다. 하지만 그가 터프가이처럼 보이려고 하는 것은 분명 문제였다. 진짜 터프가이라면? 그래도 문제다.

나는 그에게 우리를 도와주겠다는 호의를 고맙게 받겠다고 말하고 일어날 수 있었다. 일어나서 나갈 수 있었다. 더 이상 그를 만나지 않을 수 있었다.

하지만 나는 그렇게 하지 않았다. 그것은 그와의 첫 만남이었기 때문이다. 그에 대한 가설이 나왔을 뿐 아직 시험을 하지 않았다.

나는 다시 대화를 이어갔다. "우리와 접촉한 것에 대해 누구에게 말했습니까?"

"아무에게도 말하지 않았습니다." 그가 대답했다.

"아무에게도?" 내가 한 번 더 물었다.

그는 약간 불편한 표정을 지었지만 동요하지는 않았다.

"물론입니다." 그가 말했다.

나는 더 많은 질문을 했다. 그는 더 많은 이야기를 했다. 그리고 그에 대해 더 많은 가설이 세워졌다. 시험을 해서 검증을 해야 하는 가설.

가설 1: 그는 단순한 제보자다. 이중첩자가 아니다.
가설 2: 그는 우리에게 도움이 되는 정보를 가져다 줄 수 있다.

나는 가설 1을 먼저 시험해보기로 했다.

✶✶✶✶✶✶

우리가 흔히 과학적 사고라고 말하는 방식은 다음과 같은 단계를 거친다.

가설 ⇌ 자료 ⇌ 분석 ⇌ 결정

가설을 세운다. 가설을 증명하기 위한 자료를 수집해서 분석을 하고 시험을 한다. 그 결과가 가설에 부합하는지 판단한다.

예를 들어, 앨버트 아인슈타인Albert Einstein은 우주가 팽창하고 있다는 가설을 세웠다. 그는 그 가설을 입증할 자료를 찾았다. 그 자료를 분석해서 자신의 가설이 맞는지 틀렸는지 판단했다. 하지만 마침내 나온 시험 결과는 그의 가설이 틀렸다는 것을 보여주었다. 그래서 그는 우주는 팽창하지 않는다는 결론을 내렸다.

아인슈타인은 나중에 그 판단이 '내 인생에서 가장 큰 실수'라고 말했다.

그러면 어디에 문제가 있었던 것일까? 문제는 분석에 있지 않았다. 그의 분석은 훌륭했다. 문제는 그가 갖고 있던 자료에 있었다.

에드윈 허블Edwin Hubble은 그 후에 더 나은 자료를 구할 수 있었고 아인슈타인의 가설을 다시 시험한 결과 우주가 팽창하고 있다는 것을 증명했다. 허블은 이어서 또 다른 가설을 수립했다. "우주는 일정한 속도로 팽창하고 있다."

그 후 더 정확하고 더 많은 자료가 나오면서 과학자들은 다시 허블의 가설을 시험했다. 시험 결과 우주가 팽창하고 있다는 것을 확인했지만 그 속도는 일정하지 않은 것으로 밝혀졌다. 우주의 팽창 속도는 점점 빨라지고 있다.

이처럼 과학자들은 먼저 가설을 세우는 것으로 시작한다. 그리고 가설을 뒷받침하는 자료를 찾는다. 그 다음에 자료를 분석한다. 결론을 내린다. 그 후에 다시 새로운 자료가 나오면 그 자료를 다시 분석한다. 과학은 이러한 과정을 거치면서 눈부신 발전을 거듭한다.

정보기관 CIA에서 하는 자료 수집은 가설로 시작된다.

그러면 가설은 어디에서 오는가? 국가의 의사결정자들로부터 온다.

예를 들어보자.

국방부 장관은 국경 분쟁이 일어날 것을 걱정한다. 그래서 그는 상대국과 조약을 맺으려고 한다. 장관은 처음에 이렇게 질문할 것이다. "국경 양쪽의 병력은 얼마나 되는가?"

국무장관은 불량국가와 협약을 맺으면서 그들이 합의한 사항을 지키지 않을까봐 걱정한다. 그 장관은 이런 질문을 할 것이다. "상대 국가의 보고서를 우리가 신뢰할 수 있는가?"

대통령은 유엔에 가서 발의를 해야 하는데 다른 나라들이 그의 노력을 방해할까봐 걱정할 수 있다. 대통령은 먼저 이런 질문을 할 것이다. "어느 나라들이 유엔에서 반대를 할 것인가? 동맹국들 중에서는 누가 주도권을 쥐고 있는가?"

그래서 의사결정자들은 어떤 문제가 걱정이 되는지, 어떤 선택을 할 수 있는지, 무엇에 대해 알고 싶은지 정보기관에 이야기한다. 의사 결정자가 올바른 결정을 내리기 위해 필요로 하는 이러한 정보는 기본적으로 가설에 가깝다.

이처럼 정보기관의 자료 수집은 의사결정자들이 답을 원하는 질문으로 시작한다. CIA는 그러한 질문을 받아서 현장의 스파이들에게 보낸다.

스파이는 그 질문에 대한 답을 구하기 위해 필요한 자료를 수집한다.

확실한 정보를 구하기 위해 목숨을 건다.

✶✶✶✶✶✶

스파이는 평범한 사람들 속에 섞여 있다.

스파이는 상담원, 공무원, 기술자처럼 행동한다. 평범한 안경을 쓰고 있다. 평범한 머리 모양을 하고 있다. 몸수색을 받을 경우에 대비해서 평범한 속옷을 입고 있다. 누가 보아도 평범한 사람처럼 보인다.

국경 수비대가 묻는 질문에 지루해 하는 표정으로 대답한다. 그러면 그들은 의심할 이유가 없다고 생각한다. 아주 평범해 보이기 때문이다.

그렇게 뻔히 보이는 곳에 숨어있던 스파이가 자칫하면 들통이 날 수 있는 경우가 두 가지 있다.

순간 1: 위장 신분으로 변신할 때.
순간 2: 진짜 신분으로 돌아갈 때.

이런 순간에는 아무리 연기를 잘해도 소용이 없다. 평범한 머리, 안경, 속옷으로는 빠져나갈 수 없다. 아무리 그럴듯한 핑계를 대도 소용이 없다.

그런 순간에 보안 요원의 눈에 띄면 그걸로 끝장이다.

누군가가 신분을 바꾸는 이유는 두 가지 가능성 외에는 없다. 범죄자나 스파이이기 때문이다.

그래서 보안요원들은 스파이가 신분을 바꾸면서 정체를 드러내는 순간을 잡으려고 감시를 한다.

그들이 우리의 일상을 지켜보고 있다면 정체를 바꾸는 순간 눈치를 챌 것이다. 우리의 정체가 의심스러우면 진짜 신분으로 돌아가는 순간을 기다릴 것이다.

그래서 스파이는 항상 미행을 당하고 있지 않은지 경계심을 늦추지 않는다. 항상. 어디에서나. 버릇처럼. 휴가 중에도. 개를 데리고 동물병원에 갈 때도.

그래서 누군가 몰래 뒤를 따라오고 있지 않은지 확인한다. 길을 걸으면서 반사면에 뒤를 비추어 본다. 모퉁이를 돌아가면서 미행을 따돌린다. 버스, 지하철, 도보를 이용한다. 군중 속으로 섞여 들어간다. 아니면 한산한 장소를 지나가면서 미행자가 드러나게 한다.

그렇게 미행을 따돌리고 마침내 제보자를 만난다. 이 때도 역시 스파이의 정체가 드러날 수 있는 위험한 순간이다.

만일 제보자가 미행을 당하고 있다면 이제 같이 미행을 당하게 된다.

나는 제보자와 두 번째 만났을 때 미행이 있었는지 묻는 것으로 시작했다.

이것은 그에 대한 가설 1을 시험하는 것이기도 하다. 그가 단순한 제보자인지 아니면 이중첩자인지를 알아보기 위한 질문이기도 하다.

"미행은 없었습니까?" 내가 물었다.

"없었습니다." 그가 말했다.

"어떻게 알죠?"

"그냥 아는 거죠." 그가 말했다. 마치 내가 공연한 질문을 한다는 듯이. 확인할 필요가 없다는 듯이. 마치 자신은 미행당할 걱정이 없다는 것처럼.

위험 신호다.

이 반응은 두 가지 중 하나를 의미한다.

1. 그는 이중첩자다. 이중첩자는 미행을 걱정하지 않는다.
2. 그는 부주의하다.

하지만 만일 그가 정말 이중첩자라면 적어도 미행을 걱정하는 척 행동할 것이다. 유능한 이중첩자라면 그렇게 할 것이다.

그래서 나는 두 번째를 선택했다. 세상에는 부주의한 사람들이 많다. 스파이 세계에서도.

그러나 이 역시 가설이다. 다시 확인이 필요하다. 우리가 다음에 같이 할 일을 시작하기 전에.

먼저 그의 이야기를 좀 더 듣고 싶었다. 그의 과거에 대해. 그리고 그가 원하는 미래에 대해. 그런 이야기를 들어보면 그가 우리와 함께 일하고 싶어 하는 동기를 이해할 수 있다.

하지만 그는 대부분 단답형으로 대답했다. 그리고 매번 반문을 했다. 우리가 앞으로 어떤 일을 같이 할 것인지 물었다. 집요하게. 우리가 다음에 하는 일이 그의 인생에서 가장 중요한 일인 것처럼. 그 일을 하지 않으면 안 될 것처럼. 스파이가 되는 것이 인생의 목표인 것처럼.

또 다른 위험 신호였다.

게임의 종류

빈 라덴의 전략

9/11 테러에 대한 복수를 할 때가 되었다.

미국은 싸울 준비를 했다.

미국은 이미 많은 적들과 싸우고 있었으므로 준비가 되어 있었다. 중동에서, 아프리카에서, 미국은 폭탄 테러로 피를 흘리고 있었다.

그러나 9/11은 달랐다. 그것은 미국 땅에서 일어난 일이었고 민간인들이 죽었다. 수천 명이나 되는 무고한 사람들이 희생되었다. 복수할 때가 되었다.

CIA의 코퍼 블랙Cofer Black, 게리 쉬렌Gary Schroen, 게리 번첸Gary Berntsen은 서둘러 대책을 마련했다. 현금을 준비했다. 세계 각국에 흩어져 있는 정보원들을 불러들여 새로운 임무를 맡겼다. 아프간 부대와 연대했다. 특수

부대와 협력해서 적을 추적했다.

CIA에서 나보다 먼저 교육을 받은 한 선배 요원이 그들과 함께 갔다. 그는 해병대 출신으로 특수활동국SAD 소속이었다. 그는 훈련을 받고 아프가니스탄에 파견되었다. 그는 감옥에서 일하며 정보를 수집했다. 그런데 그 곳에서 폭동이 일어났다. 죄수들이 그를 공격했다. 그는 결국 총알이 떨어져서 죽었다. 그의 이름은 마이크 스팬Mike Spann이다.

뉴욕, 워싱턴, 펜실베니아에서 수천 명의 민간인이 죽었다. 그리고 아프가니스탄에서 내 동료가 죽었다.

고난의 행군은 계속되었다.

마침내 적의 지도자인 오사마 빈 라덴*이 레이더망에 포착되었다. 그는 토라보라에서 궁지에 몰렸다. 그러나 그는 빠져나갔다.

그는 부족 지역으로 숨어들었다. 황량한 오지였다. 하늘에서 내려다보면 다른 행성처럼 보이는 곳이었다.

---

* 오사마 빈 라덴(1957.3.10 ~ 2011.5.2): 이슬람 원리주의자로 1999년 이후 아프가니스탄에서 숨어 지내며 계속 대미 테러 활동을 벌였다. 2001년 9월 11일 발생한 미국 맨해튼의 쌍둥이 빌딩인 세계무역센터와 미국 국방부를 공격한 항공기 납치 자살 테러사건을 조정한 배후로 알려져 있다.

빈 라덴의 탈출로 국면에 전환이 왔다. 새로운 국면에 접어들었다. 적은 여전히 위협적이었지만 그 이후로는 접전이 거의 없었다.

미국은 어둠 속에서 싸우고 있었다. 가까이 다가가면 적은 뒤로 물러섰다. 펀치를 날려도 맞는 것은 없었다. 빈 라덴은 손이 닿지 않는 곳으로 옮겨 다녔다.

미국은 전략을 다시 짜야할 때가 되었다. 그렇다면 빈 라덴의 전략을 알아야 했다.

처음에 그의 전략을 짐작하는 사람은 거의 없었다.

빈 라덴이 왜 9/11 테러를 감행했는지 아무도 몰랐다. 빈 라덴이 왜 미국과 전쟁을 시작했는지 알지 못했다.

빈 라덴이 왜 19명의 자살 테러단을 미국에 보냈는지 알지 못했다. 빈 라덴이 왜 그렇게 많은 무고한 사람들을 죽게 했는지 알지 못했다. 빈 라덴의 머릿속에 들어갈 수 있는 사람은 없었다.

하지만 그의 전략을 아는 것이 중요했다. 빈 라덴은 전략가이기 때문이었다.

빈 라덴이 9/11 테러로 미국을 공격해서 무고한 민간인들을 죽였다. 하지만 그것이 전부는 아니었다.

9/11 테러는 빈 라덴에게 전략적으로 중요한 의미가 있었다.

9/11 테러의 성공은 그의 전략에 큰 진전을 가져왔다.

✶✶✶✶✶✶

스파이가 되면 자연히 세계 각국의 전략에 대해 알게 된다.

전 세계를 대상으로 하는 외교 전략, 초국적 운동 전략, 시간과 공간을 연결하는 네트워크 전략.

그보다 좁게는 어느 한 대륙, 어느 한 시간대에 국한된 전략이 있다. 분쟁 지역, 자원이 풍부한 지역, 역사적으로 중요한 지역을 차지하기 위한 전략. 그리고 보복, 복구, 명예를 위해 싸우는 전략이 있다.

그 다음은 국가로 좁혀진다. 시위, 내란, 정당, 민족, 가족, 모든 것 안에는 정치가 있다. 개인과 개인, 그룹과 그룹이 서로 연합해서 혁명, 보상, 또는 독립을 추구한다.

마지막으로 개인의 전략이 있다. 한 사람. 꿈을 가진 사람. 두려움을 가진 사람. 분노를 가진 사람. 사랑을 가진 사람.

그리고 누군가는 그런 사람들을 모두 만족시키기 위한 전략을 세운다.

스파이가 되면 이런 전략들에 대해 알게 된다. 그것이 스파이가 하는 일이기 때문이다. 세계 전략, 지역의 전략, 국가의 전략을 알아내는 것이 스파이가 하는 일이다. 무엇보다 보스들의 전략을 알아야 한다.

그러한 전략에 대해 알고 대처하기 위해 필요한 자료를 수집하기 위해 스파이는 적의 조직 내부로 잠입을 한다. 그 조직에서 누가 결정을 내리는지 알아낸다. 그가 무슨 생각을 하는지에 대한 정보를 수집한다.

그래서 적이 언제 어디서 공격을 해올 수 있는지 알아낸다. 적이 갖고 있는 계획이 우리에게 어떤 위협이 될 것인지 알아낸다. 그 계획이 실행에 옮겨지기 전에.

이것이 스파이가 하는 일이다.

하지만 적의 전략을 아는 것만으로는 안 된다.

적의 전략을 아는 것만큼이나 우방들의 전략을 아는 것도 중요하다. 그들도 각자 나름의 전략을 갖고 있다. 그들이 무엇을 원하는지, 무엇을 원하지 않는지 알아야 한다. 그래야 공동의 적에 맞서서 그들과 포지티브 게임을 할 수 있다.

이러한 전략을 수립하는 과정에서 스파이가 필요하다. 그래서 스파이를 적국과 동맹국과 외교 리셉션에 보낸다. 스파이는 그런 곳에 가서 전략에 필요한 정보를 구한다.

스파이는 많은 전략에 관한 한 최전선에 있다. 그래서 어떤 전략이 성공하거나 실패하는 이유를 누구보다 먼저 알게 된다.

전략이 실패하는 이유는 여러 가지가 있다. 때로 군수 부족 때문이다. 아니면 적이 먼저 공격을 해오기 때문이다. 또는 적에게 추월당하기 때문이다. 또는 전략을 제대로 실행하지 않기 때문이다.

그러나 대부분의 전략은 그보다 일찍 실패한다. 충돌이 시작되기도 전에 무산된다. 동맹을 맺기 전에. 전쟁을 선포하기도 전에.

전략이 실패하는 이유는 대부분 전략을 만드는 과정에 허점이 있기 때문이다.

가장 흔한 문제점은 게임이론가인 딕시트와 네일버프가 말한 전략의 첫 번째 규칙을 따르지 않는 것이다. 앞을 내다보고 역추론을 하지 않는 것이다.*

다시 말해 전략을 세울 때는 앞으로 어떤 게임을 하게 될지를 생각하고 역으로 유추를 해야 한다. 그렇게 하면 전략에 허점이 생길 확률이 크게 낮아진다.

대부분의 전략적 상호작용은 두 가지 '게임' 중에 하나에 속한다.

첫 번째 유형의 게임은 한쪽은 이기고 다른 쪽은 지는 게임이다. 게임이 끝나면 한쪽만 이익을 얻는다. 따라서 상대편은 손해를 본다.

게임이 끝나고 양쪽이 얻은 것과 잃은 것을 합해보면 제로가 된다. 이것을 제로섬 게임이라고 한다.

제로섬 게임은 뭔가를 서로 차지하려고 경쟁하거나 충돌하는 것이다. 그 대상이 땅일 수도 있다. 돈. 또는 영향력. 한쪽이 그것을 얻으면 반대쪽은 잃는다.

두 번째 유형의 게임에서는 양측이 모두 이긴다. 양쪽 모두 게임을 시작할 때보다 끝났을 때 더 나은 결과를 얻는다. 또는 적어도 결국 서로에게 이익이 될 것이라고 믿고 게임

---

* 게임 이론가 애너버시 딕시트Avinash Dixit와 배리 네일버프Barry Nalebuff의 공저 『전략적으로 사고하기 Thinking Strategically』

에 참여한다.

이러한 결과를 위해 양측은 서로 무언가를 주고받는다. 아니면 하나로 힘을 합쳐서 더 큰 것을 만들어낸다. 그리고 그렇게 만든 것을 나누어 갖는다. 따라서 양쪽 모두가 이익을 얻는다. 이것을 포지티브섬 게임이라고 한다.[*]

세 번째 유형의 게임은 드물게 일어난다. 양측 모두 패배하는 게임이다. 게임이 끝나고 나면 양쪽 다 처음 시작할 때보다 형편이 더 나빠진다. 이것을 네가티브섬 게임이라고 한다.

제로섬 게임과 포지티브섬 게임은 어디에서나 볼 수 있다. 사업. 전쟁. 정치. 첩보. 친구 사이에서도.

모든 게임은 다음 세 가지 중 한 가지 이상을 차지하기 위해 싸우는 것이다.

1. 사람
2. 장소
3. 자원

---

[*] 이 용어를 일부 게임 이론가들은 다른 의미로 사용한다. 사실, 대부분은 '포지티브섬'이 아니라 '비제로섬'이라는 용어를 선호한다. 양측 모두에게 이익이 되는 상호작용을 의미하는 '포지티브섬'이라는 용어가 좀 더 널리 사용되는 이유는 전략적으로 더 유용하기 때문일 것이다.

사람들이 싸우는 것은 이 세 가지 때문이다. 사람들은 이 세 가지를 차지하기 위해 전쟁을 하고 경쟁을 하고 동맹을 맺는다.

게임에서 승리하면 사람, 장소 또는 자원을 얻는다. 게임에서 지면 사람, 장소 또는 자원을 잃는다.

전략을 세울 때는 어떤 게임을 하게 될지 아는 것으로 시작해야 한다.

포지티브섬 게임을 할 것인가, 아니면 제로섬 게임을 할 것인가?

상대와의 상호 작용은 경쟁적인가? 아니면 우호적인가?

어느 한 쪽만 승리할 것인가? 아니면 결국 양측 모두에게 이익이 될 것인가?

스파이에게도 이것은 중요한 질문이다. 테이블 맞은편에 앉은 사람은 적인가, 아니면 동지인가? 배신자인가, 친구인가? 이중첩자인가? 삼중첩자, 아니면 그 이상?

그는 지금 어떤 게임을 하고 있는가?

전략을 세울 때는 앞을 내다보고 거꾸로 유추를 해야 한다.

그리고 상대방의 전략을 예상할 때는 내가 아니라 상대의 입장에서 생각해야 한다.

상대의 입장이 되어서 앞을 내다본다. 그의 장소, 사람 자원에 둘러싸여 있다고 가정하고 앞을 내다보는 것이다. 최대한 멀리 앞을 내다본다. 상대가 궁극적으로 추구하는 엔드 게임이 보일 때까지.

상대가 원하는 엔드 게임을 알면 거기에서부터 역으로 유추를 할 수 있다. 그러면 그가 동지가 될지 적이 될지 알 수 있다. 그가 배신을 할지 친구가 될지 알 수 있다. 그가 이중첩자인지, 삼중첩자인지 알 수 있다.

테이블 맞은편에 앉은 사람을 이해하려면 그가 어떤 게임을 원하는지 알아야 한다.

★★★★★★

빈 라덴이 미국과 시작한 전쟁은 분명 제로섬 게임이었다.

빈 라덴은 파트와˚에서 미국과의 전쟁을 선언했다. 그는 '두 성지를 점령한 미국과 싸우는 성스러운 전쟁'을 시작한다고 발표했다. 비디오와 오디오 테이프에서 그렇게 말했다. 심지어 공식적인 선전포고를 했다.

이상했다. 그의 선언은 장소를 차지하기 위해 싸우겠다는 것이었다.

사람을 위해서도, 자원을 위해서도 아니었다.

장소를 위해서였다.

빈 라덴은 성지인 메카와 메디나를 지키기 위해 싸우겠다고 했다.

미군은 수십 년 동안 그 두 곳에 주둔하고 있었다. 미국인들은 수십 년 동안 그 곳 주민들에게 환영을 받았다. 그러나 빈 라덴은 그런 상황이 못마땅했다. 그는 그들의 성지에서 미국인들을 내보내는 것보다 더 중요한 사명은 없다고 말했다.

그것이 그는 미국과의 전쟁을 선포한 이유였다. 적어도 그는 그렇게 말했다.

---

* 이슬람교의 종교적 유권 해석에 의한 칙령. 이슬람 학자가 교리와 율법 또는 특정 상황에 대해 의견을 피력하는 것을 말한다. 파트와는 법적인 판결이 아닌 종교적인 의견이지만 몇몇 나라에서는 법 이상의 권위를 갖는다.

전쟁을 시작하기 위해 빈 라덴은 해외에서 미국의 관련 시설을 공격했다. 1998년 빈 라덴의 추종자들은 아프리카에 있는 미국 대사관 두 곳을 폭격했다. 2000년에는 예멘에서 정박하고 있던 미 구축함 USS 콜을 공격했다.

그 다음에 9/11 테러가 있었다.

그것은 전쟁이었다.

빈 라덴 대 미국의 전쟁. 미국 대 빈 라덴의 전쟁.

그러나 이상한 전쟁이었다.

빈 라덴은 그 전쟁에서 승리를 해도 그가 싸우는 목적이라고 말한 것을 차지할 수 없었다. 빈 라덴은 성지를 차지할 수 없었다.

빈 라덴이 미국을 이긴다고 해도 메카와 메디나는 여전히 사우디의 영토였다. 빈 라덴은 자신이 원한다고 말한 것을 가질 수 없었다.

그렇다면 빈 라덴은 엉터리 전략가이거나 그가 했던 말은 진심이 아니라는 의미였다.

하지만 빈 라덴은 유능한 전략가였다.

그렇다면 그에게는 다른 속셈이 있었다는 것이다.

그가 선포한 전쟁은 제로섬 게임이었다. 한쪽이 져야 다른 한쪽이 이길 수 있었다.

그러나 그것은 단순히 미국 대 빈 라덴의 게임이 아니었다.

그것은 단순한 제로섬 게임이 아니었다.

양쪽이 각자 동맹을 맺었기 때문이다. 동맹은 포지티브섬 게임이다.

개인이나 국가나 혼자서 전쟁에서 승리하는 일은 드물다. 패권국이라도 도움이 필요하다. 따라서 전쟁을 하기 전에는 언제나 동맹을 맺는다.

19세기 후반에 독일의 전략가 오토 폰 비스마르크Otto von Bismark는 이것을 알고 있었다. 포지티브섬 동맹이 제로섬 전쟁을 승리로 이끈다는 것을 알고 있었다.

유럽에 전쟁의 암운이 드리워졌다. 충돌은 필연적이었다. 곧 유럽의 사람, 장소, 자원을 놓고 제로섬 게임이 벌어질 터였다.

독일은 혼자서는 전쟁에서 이기지 못한다는 것을 알고 있었다. 동맹국이 필요했다.

유럽에는 프랑스, 러시아, 오스트리아-헝가리 제국*, 영국, 독일의 다섯 강대국이 있었다.

독일은 적어도 다섯 강대국 중 세 나라와 동맹을 맺어야 했다. 그러면 상대가 다른 두 나라와 동맹을 맺더라도 더 유리한 위치에 설 수 있었다. 충돌이 일어나면 아마 이길 것이다.

비스마르크는 이 점을 누구보다 잘 알고 있었다. 그는 카이저 빌헬름 황제의 전략가였다. 비스마르크는 1870~1890년에 독일이 강대국인 러시아와 오스트리아-헝가리 제국을 동맹국으로 유지하기 위해 다방면으로 복잡한 외교 전략을 수행했다. 그리하여 세 강대국이 3제동맹Three Emperors' League을 맺고 있었다.

게다가 프랑스와 영국의 동맹은 허술했다. 프랑스와 영국은 서로를 좋아하지 않았다. 그들은 친구가 아니었다.

그 상황에서 전쟁이 일어나면 독일은 승리에 유리한 고지에서 시작할 수 있었다.

그런데 그 모든 것이 한 순간 바뀌었다. 카이저 빌헬름 1세

---

* 오스트리아와 헝가리의 '대타협'을 통해 형성된 제국(1867~1918). 독일인을 주로 하여 슬라브 인, 마자르 인 등을 포함한 복합 민족 국가였던 오스트리아가 프로이센-오스트리아 전쟁에서 완패한 후 국가 조직을 재편하며 구성되었다.

가 죽은 것이다. 그의 손자인 빌헬름 2세가 왕위에 올랐다.

빌헬름 2세는 삼제동맹을 탐탁지 않게 여겼다. 사실, 독일은 이미 그가 원하는 위치에 서 있었다. 독일은 혼자서도 위대했다.

하지만 비스마르크는 혼자 싸우는 것은 위험하다고 판단했다. 비스마르크는 독일이 다른 모든 유럽 국가들을 상대로 싸워서 이길 만큼 강하지 못하다고 생각했다. 독일에 단지 동맹국이 하나밖에 없다면 아마도 패할 것이다. 유럽 전쟁은 3개국 대 2개국의 전쟁이 될 것이고, 독일이 2개국에 속한다면 전쟁에서 질 것이다.

비스마르크는 빌헬름 2세와 논쟁을 벌였지만 결국 빌헬름 2세가 이겼다. 비스마르크는 해고되었다.

얼마 지나지 않아 독일은 러시아라는 동맹국을 잃었다. 설상가상으로 러시아는 프랑스와 동맹을 맺었다. 영국은 프랑스와의 해묵은 갈등을 뒤로 하고 동맹 관계를 강화했다. 러시아, 프랑스, 영국의 3국 협상Triple Entente이 맺어졌다.

빌헬름 2세 치하에서 유럽의 강대국들 중 독일의 유일한 동맹국은 오스트리아-헝가리뿐이었다.

발칸반도의 전쟁이 제 1차 세계대전으로 확대되었을 때

독일은 불리한 위치에 있었고* 결국 연합군에게 패배했다.

★★★★★★

제로섬 게임에서 유리한 고지에 올라서기 위해서는 충돌이 다가오고 있다는 것을 미리 알아야 한다. 그래서 평화 시에도 스파이가 일하는 것이다. 평화가 끝나고 전쟁이 가까워지는 조짐이 보이면 신호탄을 쏘아 올려 경고를 하는 것이 스파이가 하는 일이다. 이것은 CIA가 처음 설립된 이유이기도 하다.

CIA는 제 2차 세계대전 때 적진에서 작전을 수행했던 전략첩보부대 OSS가 전신이다. 그래서 CIA에서는 지금도 적진에 스파이를 떨어트리는 낙하산 강하 훈련을 한다.

사실, CIA의 역사는 평화 체제가 실패하면서 시작되었다고 할 수 있다. 미국에는 제 2차 세계대전 이전부터 암호 해독가들이 있었지만 해외에서 활약하는 스파이들은 없

---

* 이것은 1914년 8월 독일이 먼저 공격을 개시한 이유이기도 하다. 전쟁이 다가오고 있는데 스스로 약하다고 느낀다면 다른 묘수를 찾게 된다. 기습 공격을 가하는 것처럼.

었다. FBI, 국무부, 육군, 해군에서 몇 번 스파이를 보내는 시도가 있었지만 지지부진했다.

그러다가 무방비 상태에서 진주만 공습을 당했다. 수천 명이 죽었다. 태평양 함대가 전멸했다. 아무도 전쟁이 일어날지 예상하지 못했기 때문이다.

제 2차 세계대전의 포연이 가라앉으면서 미국은 '이제는 다시 가만히 앉아서 당하지 않겠다.'고 말할 때가 되었다. 스파이 활동, 정부에서 관리하는 스파이 활동이 있었다면 진주만 공습을 막을 수 있었을까? 그럴 수도 있고 아닐 수도 있다.

어쨌든 CIA는 그런 예고 없는 도발을 막기 위해 만들어졌다. 그래서 자료를 수집하고 분석해서 의사 결정자에게 전달하는 일을 한다. 일종의 뒤띔을 해주는 것이다. 핵심 인물들에게 평화체제가 무너지고 전쟁으로 가고 있다는 것을 알리는 것이다. 의사 결정자가 필요로 하는 정보를 수집하고 분석해서 제때 전달함으로써 행동을 취할 수 있도록 하는 것이다.

미국은 그 동안 많은 제로섬 게임을 해왔다. 소련과의 냉전. 베트남 전쟁. 이라크 전쟁. 테러와의 전쟁. 모든 충돌은 훌륭한 첩보 활동이 필요했다. 훌륭한 정보는 올바른 결정을 내릴 수 있게 한다. 올바른 결정은 승리로 이어진다. 아니면 적어도 손실을 입지 않는다.

누구라도 전쟁을 준비하는 과정에 관여하다보면 제로섬 게임에 대해 뭔가 깨닫게 된다. 충돌이 일어났을 때 싸우는 것만이 능사는 아니다. 사실, 싸우는 것은 제로섬 게임에서 이기는 가장 좋은 방법은 아니다.

제로섬 게임에서 이기는 가장 좋은 방법은 제로섬 게임을 포지티브섬 게임으로 이어가는 것이다.

✶✶✶✶✶✶

강력한 동맹이 전쟁에서 승리한다.

약한 동맹은 전쟁에서 진다.

제로섬 게임에서 이기려면 확실한 포지티브섬 게임이 필요하다.

다시 말해 강한 동맹이 필요하다.

빈 라덴이 미국을 상대로 전쟁을 선언했을 때 그에게는 동맹을 맺을 대상이 많지 않았다.

빈 라덴의 동맹 상대는 아프간 전쟁에서 탄생한 지하드 운동가*들이었다. 그리고 얼마 안 되는 피 끓는 청년들. 부패한 정보장교들. 수상한 자본가들. 마지못해 함께하는 탈레반이 있었다.

사실 동맹이랄 것도 없었다.

빈 라덴은 힘이 없었다. 특히 세계 유일의 초강대국을 상대로 전쟁을 한다면. 게다가 미국은 세계 유일의 초강대국일 뿐 아니라 강력한 동맹을 맺고 있었다.

미국은 영연방 국가들과 강력하고 긴밀한 유대 관계를 유지하고 있었다. 나토도 있었다. 그리고 미국에 빚진 나라들이 있었다. 그리고 9/11 테러 이후 거의 전 세계가 미국의 편에 서서 빈 라덴을 적대시했다.

미국은 싸울 준비가 되어 있었다.

테러와의 전쟁.

미국의 강한 동맹을 상대로 하는 빈 라덴의 동맹은 보잘 것 없었다. 빈 라덴이 패배할 것은 불 보듯 뻔했다.

---

* 지하드: 이슬람교의 전파를 위해 무슬림에게 주어진 종교적 의무를 뜻하며, 원리나 신앙을 위해 벌이는 투쟁을 의미하는 '성전聖戰'이라고 번역된다.

만일 이것이 빈 라덴의 전략이었다면 이해가 되지 않는다. 빈 라덴은 왜 지는 전쟁을 시작했을까?

적의 전략을 이해하려면 그들의 입장이 되어서 앞을 내다보아야 한다. 그들의 상황에 있는 것처럼. 그들의 자리에 그들의 사람들과 그들이 가진 자원에 둘러싸여 있는 것처럼.

그리고 그 자리에서 멀리 앞을 내다본다. 그들의 엔드 게임이 보일 때까지.

빈 라덴의 전략을 이해하기 위해서는 그가 궁극적으로 추구하는 엔드 게임을 알아야한다.

빈 라덴이 원하는 엔드 게임이 보이면 역으로 유추를 해 볼 수 있다.

그러면 9/11 테러와 미국에 대한 선선 포고가 그에게 어떤 의미가 있는지 알 수 있다.

미국을 공격한 빈 라덴의 전략을 이해할 수 있다.

✱✱✱✱✱✱

제보자에 대해 내가 생각한 두 번째 가설을 시험할 때가 되었다. 그가 과연 우리가 원하는 정보를 수집할 수 있는 사람인지.

나는 간단한 질문으로 시험을 시작했다.

"만일 우리가 X라는 정보를 요구하면 그것을 가져올 수 있습니까?" 내가 물었다.

"그 정보는 왜 필요한 거죠?" 그가 물었다.

반문.

또 다른 나쁜 신호다.

"가정해서 물어보는 겁니다." 내가 말했다.

그는 '가정하다'의 뜻을 이해하는 걸까? 다른 나라에 사는 스파이 사이의 대화는 언어 장벽으로 인해 6세 수준으로 떨어지기도 한다.

"그럼요. 구해올 수 있습니다." 그가 말했다.

이해한 것 같다.

하지만 그는 시큰둥한 눈치였다. 그런 정보를 구해오는 것이 자기 수준에 맞지 않는다는 것처럼. 하찮은 일을 시킨다는 것처럼. 터프가이에게 맞지 않는 일이라는 것처럼.

"좋아요." 내가 말했다. "어떻게 구할 거죠?"

그는 잠시 멈췄다가 말했다. "제가 직접 구할 수 있습니다. 어렵지 않습니다."

"직접이라는 의미는 뭐죠?" 내가 물었다.

그는 어깨를 으쓱했다. "제 눈으로 직접 확인해서 전달하겠습니다."

"좋아요." 나는 말했다.

그는 미간을 찌푸리면서 물었다. "그런데 왜 그것이 필요하신 거죠? 더 일찍 구할 수 없었나요?"

다시 반문.

나는 걱정과 동시에 안심이 된다. 걱정스러운 이유는 반문을 하는 의도가 이중첩자가 정보를 빼내려는 것일 수 있기 때문이다. 가설 1을 다시 확인해볼 필요가 있었다.

안심이 되는 이유는 이중첩자가 그런 식으로 반문을 하는 것은 어설픈 실력을 드러내는 것이기 때문이다.

아니면 그는 '가정하다'라는 단어의 의미를 이해하지 못했을 수 있다. 그렇다면 우리 대화는 결국 6살짜리 수준이 될 것이다.

여러 가지 위험 신호가 보였다. 더 큰 문제는 우리의 관심사가 서로 다르다는 것이었다. 우리는 전략이 서로 달랐다. 따라서 포지티브섬 게임이 불가능할 수도 있었다. 협력과 원원이 불가능할 수 있었다.

그러나 아직 단정하기는 이르다. 그가 보여주는 위험신호들은 최악은 아니다. 모든 위험신호를 피한다면 스파이가 할 수 있는 일은 많지 않다. 정보를 구할 수 없다. 많은 제보자를 만날 수 없다. 할 수 있는 일이 없다.

그래서 나는 그대로 앉아 있었다. 그를 남겨두고 나오지 않았다.

그에게 다시 한 번 기회를 주기로 했다.

나는 우리가 다음에 만나기 전까지 그가 해야 할 일을 말해주었다. 나에게 어떤 정보를 갖다 주어야 하는지 알려주었다.

그에게는 다시 한 번 기회가 주어졌다. 그의 가치를 증명할 기회. 내가 그와 함께 보낸 시간이 헛되지 않다는 것을 보여줄 기회. 내가 다른 중요한 과제를 제쳐두고 그를 만나야 하는 이유가 있다는 것을 확인시켜줄 기회가 주어졌다.

나는 그에게 무엇을 가져와야 하는지 다시 한 번 설명했다.

그는 웃으면서 알겠다고 말했다.

※※※※※※

1930년대에 소련은 미국에 첩보망을 갖고 있었다. 폭으로나 깊이로나 그 영향력에서 아마 역사상 가장 강력한 첩보망이었을 것이다.*

미국 정부의 요직에 소련의 정보원들이 있었다. 그들은 스탈린에게 미국이 협상에서 어떤 입장을 취할지 대한 정보를 구해주었다. 소련군에게 미국의 무기 개발에 관해 알려주었다. 그들은 소련의 정책에 이익을 주는 쪽으로 미국의 외교 정책을 바꿀 만큼 강력한 영향력을 행사했다.

---

* 세계 2차 대전 이후 미국은 소련의 암호를 해독하면서 정부 인사들의 간첩활동을 파악했으나 이를 공개하면 소련에 대한 도청이 불가능해질 것을 우려해 비밀로 부쳤다.

2장 전략

소련이 그러한 첩보망을 확보할 수 있었던 것은 한 가지 단순한 사실에 기인했다. 1930년대 미국의 많은 엘리트들이 공산주의에 공감했다. 많은 엘리트 미국인들이 러시아 혁명에 찬사를 보냈다. 그들은 대공황을 겪고 살아남았다. 그들은 뉴딜 정책의 혜택을 보았다. 그들이 생각하기에 이제 자본주의가 쇠퇴하고 있는 것처럼 보였다. 공산주의가 전 세계적으로 부흥하고 있는 것처럼 보였다.

프롤레타리아 혁명이 일어날 것이다. 부르주아 자본주의는 패배할 것이다. 영광스러운 미래가 탄생할 것이다. 공산 혁명이 다가오고 있다. 이렇게 믿었던 사람들은 같은 생각을 가진 공산주의자들을 도우려고 했다. 소련을 도우려고 했다. 그리고 미국은 당시에 방첩 활동이 활발하지 않았다. 1930년대에 미국인들은 소련 스파이로 활동해도 크게 위험하지 않았다.

소련은 미국 정부의 고위 인사들을 포섭했다. 미국 공산주의자들은 소련의 스파이가 되었다.

그러나 결국 그 첩보망은 해체되었다.

다음 두 가지 사건이 발단이 되었다.

  1. 스탈린의 대숙청

2. 1939년 나치와 소련 사이의 불가침 조약*

얼핏 보기에 이 두 가지 사건은 미국과 관련이 없어 보였다.

그 두 가지 사건은 미국에서 멀리 떨어진 곳에서 일어났다. 미국 공산주의자들로부터 멀리 있었다. 소련을 위해 일하는 미국인 스파이들로부터 멀리 있었다.

그러나 그로 인한 파급 효과는 치명적이었다.

이 두 가지 사건은 미국 공산주의자들이 소련을 의심하게 만드는 계기가 되었다.

스탈린은 동지였던 공산주의자들을 숙청했다. 수십만 명, 아마도 수백만 명이 죽었을 것이다. 스탈린 통치의 새로운 장이 열렸다. 스탈린이 본격적인 독재자로 등장했다.

그 다음에는 소련이 나치와 불가침 협정이 맺어졌다. 공산주의의 숙적인 파시스트와 휴전 협정을 맺은 것이다. 소련이 혁명을 배반한 것이라고 미국 공산주의자들은 생각했다.

미국의 공산주의자들은 의심하기 시작했다. 소련이 정말

---

* 정치학계에서는 이것을 소련이 '이념 국가'에서 '전통 국가'로 전환한 사건이라고 말한다.

공산주의의 영광된 미래를 가져올 것인가? 소련은 정말 공산주의의 동지인가? 소련이 공산주의 혁명을 이끌고 있는가? 아니면 단지 또 다른 독재 국가에 불과한가?

환멸과 의심은 미국 공산주의자들이 소련에 등을 돌리게 만들기에 충분했다. 결국 그들은 소비에트 첩보망을 떠나기로 결정했다. 모두는 아니었지만 상당수가 떠났다.

그 중에 휘태커 체임버스Whittaker Chambers가 있었다. 타임지 편집인이었던 그는 소련 첩보망을 위해 정보를 전달하는 역할을 했다. 그는 소련 첩보망을 떠나기 전에 미국에서 활약하는 소련 첩보망의 범위를 보여주는 문서를 갖고 나왔다.

2차 세계대전 이후 체임버스는 그 문서들을 꺼내서 FBI에 넘겼다. 그 문서에는 미국 고위 관리들의 이름이 적혀있었다.

체임버스가 의회에서 증언을 했을 때 모두 그를 거짓말쟁이로 몰았다. 언론은 그를 웃음거리로 만들었다.

그러나 1990년대 소련의 문서 보관소에서 회수한 자료는 체임버스의 증언을 뒷받침하고 있었다.

1930년대에 미국 공산주의자들이 소련을 위해 첩보 활동을 했다는 것이 밝혀졌다. 소련의 첩보망은 미국 정부의 수뇌부까지 뻗쳐있었다. 그들은 공산주의 사회를 원했다. 전 세계의 공산주의화를 꿈꾸었다.

만일 그들의 꿈이 이루어졌다면 그 공산주의 사회는 다음 세 가지를 갖게 되었을 것이다:

1. 사람: 노동자
2. 장소: 전 세계
3. 자원: 공평한 분배

미국 공산주의자들의 상상 속에는 공산주의 사회를 넘어서는 체제는 없었다. 그 이후는 영원히 행복하게 사는 것뿐이었다.

진정한 공산주의 국가가 탄생한다면 그것은 역사의 완성이 될 것이라고 그들은 상상했다. 충돌은 더 이상 없을 것이다. 전쟁은 더 이상 없을 것이다. 모두가 행복하게 살게 될 것이다. 진정한 공산주의 사회가 되면 아무도 떠나고 싶지 않을 것이다.

그들에게는 공산주의 사회가 엔드 게임이었다. 하지만 그들은 결국 스탈린의 대숙청과 나치와 소련의 불가침 조약에 배신감과 환멸을 느끼고 스스로 붕괴되었다.

✶✶✶✶✶✶

엔드 게임이란 우리가 궁극적으로 지향하는 게임을 말한다.

충돌이 모두 끝나고 모든 전투에서 승리하고 나서 그 이후로 오래 행복하게 사는 것이 엔드 게임이다. 전쟁 후에 오는 평화. 동화 속 결말.

어쩌면 공산주의자들이 원했던 엔드 게임이 지구상에서 실현되었다면 지상 낙원이 될 수 있었다.

그러나 지상 낙원은 지구상에서 불가능할지 모른다. 천국에 가기 전에는.

아니면 누군가의 엔드 게임은 바로 지금 이 곳에 있다. 미래가 아니다. 천국이 아니다. 지금 여기 음식과 와인이 있는 해변가에서 가족이 함께 휴가를 보내는 것이다. 그들에게 엔드 게임은 지금 이 순간이다.

모든 엔드 게임은 포지티브섬 게임이다. 그리고 사람, 장소, 자원의 세 가지를 모두 갖추고 있다.

적과 싸운다면 상대의 엔드 게임을 아는 것은 전략을 위해 매우 중요하다.

모든 전략은 엔드 게임을 상상하는 것에서부터 시작되기 때문이다.

1930년대 미국 공산주의자들은 엔드 게임을 상상하고 역으로 추론했다.

자본주의 사회에서 노동자들은 고용주에게 착취를 당하고 있었다. 게다가 종교를 믿는 사람들은 목사와 신부의 통제를 받았다.

공산주의 사회가 존립하기 위해서는 공산당이 사람, 장소, 자원을 관리해야 한다. 따라서 그 세 가지를 모두 갖출 때 엔드 게임에 도달한다.

하지만 가진 자들은 그 세 가지를 순순히 내놓지 않는다.

그래서 충돌이 일어난다.

미국의 공산주의자들은 전략가라면 누구나 알고 있는 사실을 알고 있었다. 제로섬 게임에서 이기는 가장 좋은 방법은 포지티브섬 게임을 하는 것이다. 전쟁에서 승리하는 가장 좋은 방법은 강력한 동맹 관계를 맺는 것이다.

그래서 그들은 소련과 동맹을 맺었다. 소련을 위해 일하는 정보원이 되었다. 소련은 미국의 공산주의를 진전시키는데 도움이 될 것이다. 서로가 윈윈하는 포지티브섬 게임이 될 것이라고 그들은 생각했다.

미국 공산주의자들은 엔드 게임을 바라보고 전략을 수립했다. 소련과의 포지티브섬 동맹으로 시작하는 전략이었다. 그들의 엔드 게임에 도달하기 위한 사람, 장소, 자원을 얻을 수 있는 포지티브섬 게임을 원했다.

그러나 그것은 일방적인 전략에 불과했다.

왜냐하면 항상 같은 사람, 장소, 자원을 원하는 누군가가 있기 때문이다.

적은 언제 어디에나 있다.

그들 역시 전략을 갖고 있다. 그들만의 엔드 게임이 있다. 그들도 동맹을 맺는다.

결국 충돌이 일어나서 어느 한 쪽이 이기면 결국 하나의 엔드 게임만이 존립한다.

이러한 패턴은 어디서나 볼 수 있다.

전쟁에서, 정치에서, 사업에서, 가정에서도 보인다. 모두가 자신의 엔드 게임에 도달하기 위한 전략을 세운다.

그래서 상대의 전략을 이해하려면 그의 엔드 게임을 알

아야 한다. 그리고 역으로 추론을 해보면 그들의 제로섬 게임과 포지티브섬 게임이 보인다. 그들의 적이 누구이고 동맹이 누구인지가 보인다.

✶✶✶✶✶✶

빈 라덴은 1970년대에 소련이 아프가니스탄을 침공했을 때 미국과 아프간의 동맹에 참여했다. 그는 아프가니스탄에서 싸울 때 마음 속으로 자신이 원하는 엔드 게임을 상상하고 있었다.

하지만 그는 자신이 추구하는 엔드 게임에 대해 이야기하지 않았다. 파트와를 선언하지도, 비디오 녹음도 하지 않았다. 그가 원하는 사람, 장소, 자원에 대해 이야기하지 않았다. 빈 라덴은 자신의 엔드 게임을 감추고 있었다.

미국과 아프간 동맹의 반대편에는 소련의 동맹이 있었다.

어느 쪽이 승리하느냐에 따라 다음 두 가지 엔드 게임 중 하나가 존립하게 되는 것이었다.

　엔드 게임 A: 아프가니스탄은 아프간이 통치하고 아프

가니스탄의 국민, 영토, 자원을 보유한다.

엔드 게임 B: 아프가니스탄을 소련이 통치한다. 소련이 아프가니스탄의 국민, 영토, 자원을 차지한다.

전쟁이 끝났을 때 결국 미국-아프간의 동맹이 승리했다. 소련은 퇴각했다. 아프가니스탄은 소련의 지배에서 벗어났다. 엔드 게임 A가 실현되었다.*

빈 라덴이 합류한 동맹이 승리했다. 빈 라덴은 아프가니스탄의 승리에 기여했다. 소련이라는 적을 물리치는데 공을 세웠다. 그는 엔드 게임 A의 성공에 기여했다.

그러나 엔드 게임 A는 빈 라덴의 엔드 게임이 아니었다.

빈 라덴은 더 큰 엔드 게임을 염두에 두고 있었다. 빈 라덴은 자신의 엔드 게임에 도달하기 위해 동맹이 필요했던 것이다.

빈 라덴은 소련과 아프가니스탄 전쟁을 통해 동맹을 위한 기반을 구축했다. 그 전쟁을 통해 그는 자신을 위해 싸워줄 사람들이 누구인지 알아냈다.

그렇게 해서 빈 라덴이 믿을 수 있는 사람들의 명단이 만

---

* 1989년 소련이 완전히 철수했으나 그 후 다시 누가 아프간을 통치할 것인지를 놓고 싸우는 내전으로 이어졌다.

들어졌다. 신뢰할 수 있는 투사들로 구성된 데이터베이스. 빈 라덴은 그들을 '기지'라고 불렀다. 기지는 아랍어로 '알카에다'다.

처음에 빈 라덴과 알카에다의 동맹은 느슨했다. 그러나 그것은 앞으로 하게 될 게임의 기반이 되었다. 빈 라덴의 엔드 게임을 위한 첫 단계였다.

1990년대 초반 이라크의 사담 후세인이 쿠웨이트를 침공했을 때 빈 라덴은 사우디 정부에게 외세의 개입 없이 사태를 해결할 것을 촉구하며 알카에다를 보내주겠다고 제안했다.

사우디가 빈 라덴의 제안을 받아들일 것이라고 생각할만한 이유는 충분했다. 빈 라덴은 예멘 인이지만 사우디 시민권을 갖고 있었다. 빈 라덴의 아버지는 사우디에 수십억 달러를 벌어주었다. 빈 라덴은 사우디 왕족들을 많이 알고 있었다. 그리고 그들은 같은 이슬람교도였다.

그러나 빈 라덴의 예상과는 달리 사우디 정부는 그의 제안을 거절했다.

사우디는 대신 미국의 협조를 받아들였다. 그것은 사우디 땅에 더 많은 미군이 들어오는 것을 의미했다. 사우디 아라비아에 미군 기지가 확대된다는 것을 의미였다.

또한 그것은 빈 라덴이 축출된다는 의미였다. 빈 라덴의 전사들을 거부한다는 의미였다. 사우디가 빈 라덴이 아닌 미국의 이교도들을 선택했다는 의미였다.

빈 라덴은 상처를 받았다. 뼈아픈 상처였다.

사담 후세인이 체포된 후 빈 라덴은 행동을 개시했다. 그는 사우디에 저항하다가 1992년에 추방당했다. 그러자 아프리카로 건너가 수단과 소말리아 일대에 군사기지를 건설하고 사업을 재개해서 테러자금을 끌어 모았다. 그리고 이집트, 알제리, 예멘에서 발생한 테러의 배후 인물로 지목되면서 사우디는 빈 라덴의 시민권을 말소하고 그의 재산을 동결시켰다.

빈 라덴은 아프가니스탄으로 돌아갔다. 그 곳에서 혁명정부 탈레반의 보호 아래 생각할 시간을 가졌다. 그는 충분한 시간을 갖고 자신의 엔드 게임을 상상했다. 그리고 역으로 추론을 해서 전략을 세웠다.

그리고 마침내 행동할 때가 되었다.

첫 단계는 동맹을 맺는 것이었다.

빈 라덴은 연설을 했다. 인터뷰를 했다. 비디오와 팸플릿을 출간했다. 자신과 같은 생각을 가진 사람들을 끌어 모으기 위해 할 수 있는 모든 일을 했다.

무엇보다 빈 라덴은 자신의 엔드 게임에 대해 이야기하기 시작했다.

빈 라덴은 칼리프* 국가를 재건하겠다고 선언했다.

빈 라덴의 국가는 모든 엔드 게임의 구성 요소인 사람, 장소, 자원을 보유하게 될 것이다.

1. 사람: 움마**, 이슬람 신도
2. 장소: 중동, 특히 이슬람 성지인 메카와 메디나
3. 자원: 움마를 먹여 살리는 자원

빈 라덴은 1990년대에 세 가지 중 하나도 갖고 있지 않았다.

그의 통치를 받는 움마는 없었다. 그는 갖고 있는 자원이 거의 없었다. 심지어 그는 중동에서 살고 있지도 않았다. 그는 소수의 추종자들과 아프가니스탄에 살고 있었다.

1990년대 빈 라덴은 칼리프 국가에서 한참 멀리 떨어져

---

* 칼리프: 이슬람 제국 주권자의 칭호로서 예언자 무함마드의 뒤를 이어 이슬람 교리의 순수성을 유지하고 종교를 수호하며 이슬람 공동체를 통치하는 모든 일을 관장한다. 이슬람교의 창시자 무함마드가 사망할 당시의 이슬람 공동체는 아라비아 반도 대부분을 통치할 만큼 성장해 있었다. 그러나 후계자를 결정하지 못하고 무함마드가 사망하자 공동체 내부에 혼란이 발생하였고 결국 부족의 원로들이 모여 칼리프를 선출하게 되었다.

** 움마: 이슬람교의 신앙 공동체인 '민족'이나 '국민'을 의미한다. 쿠란에서는 처음에 알라가 인류에게 예언자를 보내어 알라의 말을 전하게 한 사람들을 의미했다.

있었다.

그러나 빈 라덴은 어쨌든 전략을 세웠다. 그는 전략을 세우기 위해 역추론을 했다.

빈 라덴은 칼리프 국가를 세우기 위해 무엇이 필요한지 생각했다. 움마와 성지, 그리고 그 모든 것을 지탱할 수 있는 자원이 필요했다.

그러면 그 모든 것을 차지하기 위해 누구와 싸워야 하는가? 누구와 싸워서 이겨야 하는가?

반대편에는 누가 있는가? 상대의 동맹에는 누가 있는가? 그가 움마와 중동과 자원을 차지하는 것을 누가 반대하는가?

이런 식으로 빈 라덴은 동맹국, 적들, 적들의 동맹을 확인했다. 그리고 행동할 때가 되었다.

그는 동맹을 강화해야 했다. 그리고 적의 힘을 약화시켜야 했다. 무엇보다 중요한 것은 적의 동맹을 약화시키는 것이었다.

그러나 빈 라덴은 뭔가 다른 것을 원했다. 그가 원하는 목표를 위해서는 또 다른 차원의 전략이 필요했다.

그 목표는 그에게 포지티브섬과 제로섬 게임보다 전략적

으로 더 중요했다. 빈 라덴은 그 목표를 위해 보다 큰 모험을 시도해야 했다.

그 목표는 빈 라덴의 엔드 게임에 새겨져 있었다.

빈 라덴이 최종적으로 원하는 것은 단지 칼리프 국가의 건설이 아니었다.

그는 칼리프가 되기를 원했다.

무함마드의 후계자, 칼리프 국가의 수장이 되기를 원했다.

보스가 되기를 원했다. 지도자, 칼리프가 되기를 원했다.

그렇다면 그는 다른 유형의 게임에서 이겨야 했다. 칼리프 국가 안에서 보스의 자리를 놓고 경쟁하는 게임에서 이겨야 했다.

빈 라덴은 자신의 엔드 게임을 실현해야 했다.

보스 게임에서 승리해야 했다.

빈 라덴은 칼리프 국가를 세우는 전략만 세운 것이 아니었다.

그의 전략은 자신이 칼리프가 되기 위한 것이었다.

✶✶✶✶✶✶

영화에 나오는 스파이는 보통 한 가지를 추적한다. 하나의 문서. 하나의 암호. 하나의 서류 가방. 한 가지 목표물을 만들어서 극의 긴장감을 높인다.*

그래서 스파이 영화는 재미있다. 주인공은 과연 그 한 가지를 손에 넣을 수 있을까? 실패할까, 성공할까? 한 가지를 추적하면 긴장감이 높아진다. 한 가지를 추적하면 죽기 살기로 매달릴 수 있다. 그 과정에서 위기가 생긴다. 흥미진진해진다.

그러나 진짜 스파이가 하는 일은 장난이 아니다. 한 가지만 쫓아다니지 않는다는 것이다.

스파이는 모험을 피한다. 모 아니면 도라는 식의 필사적인 추적을 피한다. 필사적으로 움직이다가 위기가 오고 꼬리를 잡히는 수가 있다. 아니면 더 나쁜 결과가 온다.

스파이는 결코 한 가지만 쫓지 않는다. 한 가지 이상을

---

* 맥거핀MacGuffin 효과라고 한다. 관객의 호기심을 자극하며 긴장감을 느낄 수 있게 만드는 사건, 상황, 인물, 소품을 지칭한다.

원한다.

전략을 세우기 위해 필요한 정보는 모두 찾아다닌다.

그래서 많은 것이 필요하다. 많은 문서. 많은 코드. 많은 서류 가방.

이것은 또한 성공하는 방법이 많다는 것을 의미한다. 한 가지를 얻을 수 없으면 다른 것을 구하면 된다. 오늘 무언가를 얻지 못하면 내일 구하면 된다.

제보자에게 뭔가를 가져 오라고 지시할 때도 마찬가지다. 하나의 문서, 하나의 암호, 하나의 서류 가방을 요구하지 않는다. 한 가지를 목표로 제시하지 않는다.

그 이유는 제보자가 필사적으로 움직이는 것을 원하지 않기 때문이다. 그러다가 궁지에 몰릴 수 있기 때문이다. 대신 어느 것 하나라도 성공하기를 원한다.

제보자에게 여러 가지 목표를 제시하는 것은 또한 두 가지 면에서 유리하다.

1. 제보자가 스스로 선택을 할 수 있도록 한다.
2. 진짜 첩보와 가짜 첩보를 섞어놓을 수 있다.

다시 말해 제보자의 선택을 보고 그에 대해 여러가지를 판단할 수 있다. 그리고 만일 그가 이중첩자인 경우 우리가 무엇을 알고 있고 무엇을 모르는지를 그에게 숨길 수 있다.

제보자와의 세 번째 접선에서 나는 그에게 무엇을 가져왔느냐고 물었다.

그는 환하게 웃었다. 의기양양하게 이를 드러내고 웃었다.

"쉽지 않았어요." 그가 말했다.

그는 찢어진 서류 한 장을 테이블 위로 내밀었다.

서류가 찢어진 것은 상관 없었다. 그보다 더 심하게 훼손된 것도 보았다. 적어도 피 얼룩은 없었다. 하지만 그 이유는 알아야 한다.

"종이가 왜 찢어진 거죠?" 내가 물었다.

그는 잠시 머뭇거리다가 말했다. "친구가 저에게 전해줄 때부터 그랬습니다." 그가 말했다.

위험 신호.

그는 분명 나에게 자신이 정보에 직접 접근할 수 있다고 말했다. 많은 정보가 있고 원본을 볼 수 있다고 했다. 누군가에게서 건네받을 거라는 말은 없었다.

"원본 문서를 직접 보지 못했나요?"

"저는 못 봤습니다." 그가 말했다. "제 친구가 봤습니다. 친구가 원본을 보고 사본을 가져온 겁니다."

위험 신호.

그는 친구에게 부탁을 했다. 이제 그의 친구는 그가 무슨 일을 하는지 알고 있다.

제발 그 친구에게 나에 대해 말하지 않았기를 바랐다.

"나에 대해 이야기를 했나요?"

"아니요." 그는 머리를 가로저었다. "당연히 안했습니다. 단지 제가 하고 있는 다른 일을 위해 필요하다고 말했습니다."

"그 친구가 누군가요?" 내가 물었다.

그는 대답하지 않았다. 양손의 끽지를 끼고 엄지손가락을 빙빙 돌렸다.

그는 내게 말하기를 원하지 않았다. 좋은 신호다. 친구 이야기는 아마 사실일 것이다. 친구를 보호하려고 하는 태도는 긍정적이다.

하지만 더 큰 문제가 있었다.

나는 그가 정보를 직접 빼내오는 건 줄 알았다. 중간에 아무도 끼어들지 않을 거라고 생각했다. 그가 직접 정보를 구해서 나에게 줄 수 있을 거라고 생각했다.

하지만 그는 친구에게 부탁을 했다.

나는 그에게 이런저런 정보를 구해오라고 지시했다. 그는 그 중 한 가지만 가져오면 되는 것이었다. 그런데 그 한 가지 정보를 친구를 통해 얻었다면 다른 정보들은 구하기가 더 어렵다는 것을 의미했다.

그 시점에서 나는 결정을 해야 했다.

  1. 계속 진행한다. 이 경우 내가 할 일이 많아지고 그에게 더 많은 시간을 투자해야 한다.
  2. 거기에서 끝낸다.

나는 첫 번째를 선택했다. 처음부터 완벽하게 임무를 수행할 수는 없다. 진짜 스파이가 되기 위해서는 처음에 조정 시간이 필요하다. 일반인들이 스파이에 대해 상상하는 많은 것들을 잊어버릴 필요가 있다. 새로운 방식을 배워야 한다.

그렇게 출발한 제보자들이 나중에 훌륭한 스파이가 되었다. 임무를 바꾸거나 중요한 정보에 새로운 접근해서 훌륭한 성과를 거두었다.

그래서 나는 첫 번째를 선택했다. 그에게 좀 더 시간과 노력을 투자하기로 결정했다.

그를 우리 팀에 합류시켰다.

나는 우리 관계가 비밀이라는 것을 다시 확인시켰다. 그는 아무에게도 우리에 대해 말하지 않았다고 했다. 우리가 같이 일한다는 것을.

"물론이죠." 그가 말했다. "그럼 이제 제가 뭘 하면 되죠?"

지금까지 한 것처럼 좀 더 계속하면 된다고 내가 말했다.

나는 그에게 여러 가지 할 일을 주었다. 그러나 중요한 임무를 주지는 않았다.

아직 그에 대해 확인해야 하는 것이 남아 있었다. 그가 얼마나 조심해서 행동하는지. 미행을 당하지 않고 접선 장소에 올 수 있는지. 스스로 선택한 일에 대해 확신을 갖고 있는지. 정말 이중첩자가 아닌지. 나는 그가 이중첩자가 아니라고 생각했지만 그것은 아직 가설이었다.

다음번 접선에서 나는 제보자에 대해 생각한 가설들을 좀 더 시험했다. 그가 정말 우리에게 도움을 줄 수 있는지, 그에게 계속해서 시간을 투자할 가치가 있는지 확인했다.

그는 모든 시험을 통과하지는 못했지만 충분히 통과했다. 그래서 나는 그에게 좀 더 큰일을 할 기회를 주었다. 더 중요한 일을 하는 팀에 합류할 수 있는 기회.

그가 팀에 합류하면 나 외에 다른 팀원들도 그에게 노출될 것이다.

그 전에 그가 우리 편이라는 것을 확실하게 알아야 한다.

그에게 목숨을 맡길 수 있는지. 우리의 목숨을.

그런데 그 때 그가 나에게 거짓말을 했다는 사실이 드러났다.

3장
보스 게임

스파이는 종종 죽음을 생각한다.
임무를 수행하다가 죽은 동료들에 대해 생각한다.
어느 날 갑자기 총에 맞아 죽은 사람을 생각한다.
차 사고로 죽은 사람은 사고가 아니었을 수 있다.
아프가니스탄에서 살해당한 마이크 스팬에 대해 생각한다.
CIA 본부 벽에 별로 남아 있는 사람들에 대해 생각한다.

지피지기
백전불태

적의
엔드 게임
추적하기

"상대를 알고 나를 알면 백 번 싸워도 위태롭지 않다."

— 손자

나는 터프가이 제보자를 미국 중서부의 어느 도시로 오게 했다. 그 곳은 미국에서 가장 매력적인 도시는 아니다. 가장 큰 도시는 아니다. 가장 아름다운 도시는 아니다. 다만 친절한 사람들이 사는 친절한 도시다.

친절한 도시에 사는 친절한 시민들은 방문객에게 어디에서 왔느냐고 묻는다. 외국에서 왔다고 하면 미국이 마음에 드느냐고 묻는다. 그들은 우호적이다. 열려 있다. 관대하다.

미국의 중서부 도시가 좋은 이유는 또 있다. 미행을 알아내기가 쉽다. 타지인은 금방 구별이 된다. 그리고 골목길과 구릉진 길이 많아서 미행이 있으면 금방 눈에 띈다. 나는 중서부 도시에서 미행을 당할 것이라고는 생각하지 않았다. 하지만 이것도 역시 가설이다. 시험을 해서 확인을 해야 한다.

내가 그에게 미행을 당하지 않았느냐고 물었다. 그는 아니라고 말했다. 확실하다고 했다. 하지만 그것은 단지 가설이었다.

나는 그에게 그 곳으로 오라고 한 이유를 이야기했다. 그는 이제 내 동료를 만나게 될 것이다. 그 동료가 그에게 질문을 할 것이다. 정직하게 대답하는 것이 중요하다. 진실을 말해야 한다.

"걱정하지 마세요." 그가 딱 잘라 말했다.

우리는 호텔 스위트룸에서 만났다. 내 동료는 그를 방으로 데리고 들어가서 문을 닫았다. 나는 옆방에 앉아서 TV를 켰다.

한동안 해외에 나갔다가 미국에 돌아오면 항상 전에는 없었던 뭔가가 새로 생긴 것을 보게 된다. 이번에는 ESPN에서 황금 시간대에 포커를 방영하고 있었다. 이상했다. ESPN은 스포츠만 보여준다고 생각했다. 그러나 생각해보면 일리가 있다. 포커는 제로섬 게임이다. 스포츠처럼. 스포츠의 전략, 긴장, 경쟁을 즐긴다면 포커 역시 유사한 즐거움을 제공한다. 단지 움직임이 적을 뿐이다.

TV로 시청하는 포커에서는 실시간으로 선수들이 가진 카드를 볼 수 있었다. 각자 어떤 식으로 플레이를 하는지 알 수 있었다. 선수들이 제로섬 게임에서 각자 어떤 전술을 사용하고 있는지 분석할 수 있었다. 전략, 긴장, 경쟁.

한 시간 쯤 지났을 때 방에서 고함을 지르는 소리가 들렸다.

나는 일어서서 문으로 다가갔다. 한 손을 방문에 대고 귀를 기울였다.

내 동료가 소리치고 있었다. 그는 화를 참지 못하고 목청을 높였다.

그럴 수 있었다. 예상했던 일이다. 나는 문에서 뒤로 물러섰다. 잠시 서서 들었다. 이윽고 고함 소리가 멈췄다.

나는 자리로 돌아와서 다시 포커를 시청했다. 또 한 시간이 지났다. 그 다음에는 야구 경기가 있었다.

마침내 동료가 방에서 나왔다. 혼자. 그는 등 뒤로 문을 살며시 닫았다.

안타까운 표정. 유감스러운 표정이다. 그는 나에게 나쁜 소식을 전해야 해서 미안하다고 했다.

"그가 거짓말을 했네."

"무슨 거짓말?" 내가 물었다.

그는 한숨을 내쉬었다. "그가 주변 사람들에게 자네에 대해 말했다네."

맨 먼저 그가 만일 이중첩자일 경우 내가 정리해야 하는 일들이 머리를 스치고 지나갔다. 어떤 선을 끊고 어떤 선을 다시 복구할 것인지.

"누구에게 말했는데?" 내가 물었다.

"여섯 명." 내 동료가 말했다. "그의 아버지와 친구 다섯 명. 그가 아는 한 정보요원은 절대 없다고는 하는데."

"정보요원은 없다고?"

"그의 말로는 없다네."

그 말이 진실이라면 이중첩자는 아니다.

하지만 여섯 명이라니.

여섯 명은 많다.

여섯 명이 또 다른 여섯 명에게 말할 수 있다. 그리고 그 여섯 명이 다시 또 여섯 명에게 말할 수 있다. 그들 중 한 명이 정보요원일 수 있다.

동료가 다시 옆방으로 갔다. 나는 이 사태를 수습할 방법을 궁리하기 시작했다. TV는 더 이상 볼 수 없었다.

한 시간 후, 동료가 다시 옆방에서 나왔다.

"이제 열여덟 명이야. 열여덟 명에게 자네와 CIA에 관해 이야기했다네."

저녁이 될 무렵에는 스물세 명으로 늘어났다. 그는 스물세 명의 사람들에게 자신이 CIA와 일하고 있다고 말했다. 나와 일하고 있다고.

스물세 명.

어이가 없었다. 자기가 아는 사람 모두에게 우리 이야기를 한 것 같았다.

그는 언제부터 주변에 우리 이야기를 하고 다녔을까? 두 번째 접선을 한 후에? 찢어진 서류에 관한 정보를 입수했을 때? 그 서류를 원하는 이유를 친구에게 말했을 때?

어쩌면 그 이전부터였을 수도 있다.

어쩌면 처음부터 친구들에게 말했을 수도 있다. 첫 접선 이전부터. 어쩌면 식당에서 나를 쳐다보던 남자가 그의 친구였을지도 모른다.

언제부터인지는 상관 없었다.

스파이는 항상 최악의 경우를 염두에 둔다. 나는 그가 처음부터 우리 이야기를 하고 다녔다고 가정했다.

나는 실수를 했다. 그가 테러와의 전쟁에서 도움이 되기를 원한다고 생각했다.

하지만 그것은 그의 엔드 게임이 아니었다. 그의 관심은 다른 곳에 있었다.

이제, 그의 거짓말에서 그의 진짜 엔드 게임이 무엇인지가 드러났다. 그가 자청해서 제보자로 나선 이유에는 또 다른 뭔가가 있었다.

그가 스물세 명의 사람들에게 나를 노출시킨 이유는 무엇일까?

문제는 그가 원하는 엔드 게임에 있었다.

✶✶✶✶✶✶

빈 라덴은 알카에다 내부의 보스 게임에서 승리했다. 어쨌든 빈 라덴은 알카에다를 창설한 인물이었다. 알카에다는 그가 믿을 수 있는 전사들로 구성되어 있었다.

하지만 그렇다고 해서 알카에다가 영원히 그의 편에 설 것이라는 보장은 없었다. 다른 누군가가 그의 자리를 대신할 수 있었다. 더 강력한 카리스마를 가진. 아니면 더 강한 힘을 가진, 아니면 더 확고한 믿음을 가진 누군가가 등장할 수 있었다. 여느 그룹과 마찬가지로 알카에다 내부에도 경쟁이 있었다.

그러나 빈 라덴은 알카에다의 보스 자리를 지켰다.

그래서 빈 라덴은 알카에다에 대해 중요한 결정을 내렸다. 그는 알카에다의 전략적 방향을 결정했다.

빈 라덴에게는 알카에다의 보스로 있는 것이 중요했다.

그러나 그는 그 이상을 원했다.

빈 라덴은 칼리프가 되기를 원했다. 이슬람 국가의 보스가 되기를 원했다.

빈 라덴은 자신이 무함마드의 진정한 후계자가 될 것이라고 상상했다. 그는 움마의 정신적 지도자이자 정치적 지도자가 되고자 했다. 빈 라덴이 그가 하는 모든 일에서 무함마드를 의도적으로 표방한 이유는 바로 그 때문이었다.

빈 라덴은 칼리프가 되고자 했다. 그는 중동의 움마를 통치하고 중동의 자원을 이용해서 이슬람 국가를 유지하고자 했다.

2001년 초에 빈 라덴에게 그의 엔드 게임은 아직 멀리 있었다. 칼리프가 되기까지 먼 길을 가야 했다.

칼리프가 되기 위해 필요한 사람, 장소, 자원은 동료 무슬림들의 통치 하에 있었다.

움마는 같은 무슬림을 공격하는 것을 못마땅하게 여겼다. 일부는 빈 라덴이 동료 무슬림을 공격하면 결코 칼리프가 될 수 없을 거라고 했다.

그러나 빈 라덴은 그대로 주저앉을 수 없었다. 그는 현실에 안주할 수 없었다.

그는 누군가를 공격해야했다. 전쟁을 시작해야 했다. 그렇지 않으면 그의 엔드 게임은 결코 실현되지 않을 것이고 그는 결코 칼리프가 될 수 없을 터였다.

무슬림을 공격할 수 없다면 누구를 공격하면 좋을까?

러시아를 공격하는 것은 파급력이 제한적이었다.

이스라엘을 공격하는 것은 너무 위험했다.

인도를 공격하는 것은 아무 의미가 없었다.

유럽을 공격해서 얻을 수 있는 것은 없었다.

그래서 빈 라덴은 미국을 공격하기로 결정했다.

그러나 빈 라덴이 미국을 공격한 것은 단지 전쟁을 하기 위해서가 아니었다. 그에게는 미국을 선택한 전략적 이유가 있었다. 그가 미국과의 전쟁을 선포한 이유는 칼리프 국가의 보스가 되는 엔드 게임을 원하고 있었기 때문이다.

그리고 그 반대편에는 미국이 보스로 있는 엔드 게임이 있었다.

미국에서 대통령이 되기 위해서는 많은 경쟁을 통과해야 한다. 우선 주 예비 선거가 있다. 그 다음에 전당대회가 열리고 그 안에서 많은 보스 게임이 벌어진다. 그런 다음 선거인단을 선출한다.

미국의 대통령이 되기 위해서는 그 모든 게임에서 승리

해야 한다.

미국 대통령은 세계에서 가장 부유하고 가장 강력한 힘을 가진 국가의 보스다.

미국 대통령은 취임식에서 헌법을 준수할 것을 선서한다. 헌법은 대통령이 내릴 수 있는 결정에 대해 상세하게 규정하고 있다.

취임 후 100일이 지나면 본격적으로 일을 시작한다. 선거 공약에 초점을 맞춘다. 국민에게 약속한 공약을 실행에 옮기기 위해 일을 시작한다.

대통령은 의회와 협력해야 한다. 하원과 상원의 합의를 이끌어내야 한다. 이것은 많은 타협이 필요하다는 것을 의미한다. 원래 계획을 어느 정도 수정을 해야 한다.

대통령은 열심히 일해도 결과가 지지부진할 수 있다. 어쩌면 첫 해는 엉망이 될 수 있다.

아니면 순조로울 수도 있다. 의회는 대통령이 원하는 것과는 다른 법을 통과시킬 수 있지만 아마도 근접한 법일 수 있다. 충분히 근접하다고 생각하면 대통령이 서명을 하고 법으로 만든다.

하지만 그 법은 법원에서 다시 시험대에 오른다. 대법원에 상고가 되고 그 곳에서 합헌 여부를 결정한다. 아니면 다시 변경이 된다.

그 과정은 피곤하다. 정치자본이 소모된다. 대통령은 많은 약속을 했다. 그 약속 가운데 일부는 나머지 임기 동안 해결해야 한다.

잘하면 대통령은 자신이 원하는 것에 근접한 뭔가를 얻는다. 하지만 정확하게 같은 것은 아닐 것이다.

결론은 대통령의 의사 결정 범위는 제한적이라는 것이다. 미국과 같은 헌법 제도에서 대통령이 할 수 있는 일에는 한계가 있다.

헌법이 대통령의 권한을 제한한다. 의회가 대통령의 권한을 제한한다. 야당이 대통령의 권한을 제한한다. 대법원이 대통령의 권한을 제한한다. 대통령의 결정이 실행에 옮겨지는 것은 많지 않다. 그리고 성과가 나타나는 경우는 더 드물다.

게다가 중간 선거도 있다. 중간 선거는 대통령 집권 2년차에 상하 의원들을 선출하는 선거로 대통령 임무 수행에 대한 평가가 반영된다. 그리고 임기가 끝나면 국민들은 다시 투표를 해서 새로운 대통령을 선택을 할 수 있다. 그 새로운 대통령은 전임 대통령이 추진했던 모든 정책을 무효로 만들 수 있다.

이처럼 적어도 미국 국경 내에서는 대통령이 하는 일에 많은 제약이 따르는 것이 사실이다. 하지만 미국 국경 밖에서 일어나는 일에 관해서는 좀 더 많은 영향력을 행사할 수 있다.

대외적인 문제에서는 헌법이 대통령에게 좀 더 많은 권한을 부여한다. 의회는 그다지 트집을 잡지 않는다. 야당은 좀 더 관대해진다. 대법원은 뭔가 문제가 생길 때만 개입을 한다. 미국 이외의 지역에서는 대통령의 결정을 실행에 옮기기가 훨씬 수월하다. 그리고 결과로 이어진다.

미국 이외 지역에서 대통령은 사령관이 된다. 더 넓은 경기장에서 더 많은 권한을 행사한다.

밖에 나가면 국제기구들이 미국 대통령의 노선에 적극적으로 반기를 들지 않는다. 저항을 하는 나라도 있지만 그것은 또 다른 종류의 게임이다. 그 게임에서는 또한 미군과 CIA처럼 국내에서는 허용되지 않는 도구를 사용할 수 있다.

따라서 대통령은 실행 가능한 결정을 내리기 시작한다. 미국 국경 밖에서 그 결정은 성과로 나타날 수 있다. 그리고 남은 임기 동안 국제 문제에 점점 더 많은 시간을 할

애하게 된다.

대통령은 통화 협정과 세계 무역 협정을 맺는다. 방위 동맹과 지원 네트워크를 구축한다. 미국이 주도하는 세계 체제를 구축한다.

대부분의 국가는 미국과의 방위 조약이나 무역 협정에 서명한다. 그들은 미국이 주도하는 체제 안에서 혜택을 보고 있다. 미국과 서로 윈윈하는 포지티브섬 게임을 하고 있다.

그리고 그 모든 것을 다 합쳐보면 더 큰 포지티브섬 게임이 된다.

그래서 2차 대전 이후의 냉전 체제를 포지티브섬 게임이라고 말한다. 그러나 정확한 정의는 아니다. 누군가는 서구 문명이라고 부른다. 그러나 아시아도 포함된다. 누군가는 새로운 세계 질서라고 말한다. 이런 표현은 섬뜩하다.

포지티브섬 게임은 대부분 지도자의 이름을 따서 부른다. 법률 회사는 파트너들의 이름으로 불린다. 월마트는 샘 월튼의 이름을 땄다. 왕정은 왕의 이름으로 불린다. 팍스로마나는 로마의 이름을 땄다.

그래서 어떤 사람들은 미국이 주도하는 세상을 팍스아메리카나라고 부른다.

팍스아메리카나는 역사 상 그 어떤 포지티브 게임보다 더 많은 사람, 장소, 자원을 아우르고 있다.

그러나 모두가 팍스아메리카를 좋아하지는 않는다.

어떤 사람들은 미국의 지도력을 좋아하지 않는다. 어떤 사람들은 미국의 규칙이나 기관 또는 해결 방식을 좋아하지 않는다. 어떤 사람들은 미국 대통령을 좋아하지 않는다. 어떤 사람들은 팍스아메리카나 안에서 불만을 갖고 있다. 그들은 팍스아메리카나가 도움이 되지 않는다.고 느낀다.

그래서 그들은 충돌을 시도한다. 미국을 상대로 제로섬 게임을 시도한다. 그들은 더 많은 결정권을 원한다.

그러나 그들은 주저한다. 기껏해야 UN에서 미국에 반대표를 던지는 것이 전부다. 미국과 멀리 떨어진 곳에서 대리전을 치르기도 하지만 지나치게 심각한 충돌은 하지 않는다. 현 체제를 파괴하는 것은 원하지 않는다.

하지만 누군가에게는 팍스 아메리카나가 전혀 도움이 되지 않는다. 그래서 현 체제를 무너트리기를 원할 수 있다. 미국의 힘을 분산시키기를 원한다. 누군가는 팍스 시티카를, 누군가는 팍스 아프리카누스를 원한다.

이것은 미국에 위협이 된다.

그 위협을 감시하는 것이 미국 스파이가 하는 일이다.

제로섬 게임은 먼저 시작하는 쪽이 더 유리하기 때문이다.

미국의 스파이는 다음에 일어날 전쟁에 대비해서 잠재적인 적을 감시한다. 동맹국들을 돕는다. 포지티브섬 게임과 제로섬 게임을 한 줄로 세워서 엔드 게임을 향해 가게 한다. 미국의 엔드 게임을 위해 팍스 아메리카나를 위협하는 충돌을 감시한다. 그 충돌을 지원하는 적의 동맹을 감시한다.

스파이는 주어진 임무를 성공리에 수행하기 위한 전략을 수립한다. 그 전략을 사용해서 어떤 정보가 중요한지 우선순위를 정한다. 그래서 어떤 제보자를 만날 것인지, 어떤 제보자는 더 이상 만나지 않을 것인지. 어떤 정보를 구하기 위해 위험 지역을 여행하고 위험 인물을 만날 가치가 있는지 판단한다.

특히 보스가 위험한 지시를 내릴 때 이러한 판단이 중요하다.

✶✶✶✶✶✶

나는 터프가이 제보자의 전략을 짐작하지 못했다. 왜냐하면 그의 엔드 게임을 알지 못했기 때문이다.

나는 그의 엔드 게임이 나의 엔드 게임과 비슷하다고 믿었다. 하지만 알고 보니 그렇지 않았다. 그는 사람들의 생명을 구하는 일에는 관심이 없었다. 테러와의 전쟁에는 관심이 없었다. 팍스아메리카나에도 관심이 없었다.

그는 단지 친구들에게만 관심이 있었다. 그가 사는 마을과 그 안에서 영향력을 행사하기를 원했다.

그는 자신의 보스 게임에만 관심이 있었다.

그가 그런 생각을 갖고 있다는 일지 못한 것은 전적으로 나의 실수였다.

친구들 사이에서 리더가 되기를 원하는 것은 드문 일이 아니다. 주변 사람들을 감동시키고 싶어 하는 것은 이례적인 일이 아니다. 인기와 추앙과 존경을 원하는 것은 특별한 일이 아니다.

인간은 이성에 의해서만 행동하지 않는다. 보스의 공명심이나 자존심 때문에 세계 전쟁이 일어나기도 한다.

그러나 첩보원 지원자 중에 그런 사람을 본 것은 내 경험상 처음이었다. 그렇게 부질없는 전략을 추진하는 사람을 본 것은 처음이었다. 비밀에 대해 그렇게 무신경한 태도는 처음 보았다. 그렇게 어리석고 무모한 행동은 처음 보았다.

그 모든 것이 친구들 앞에서 우쭐거리기 위해서였다.

돌아보면 우리의 첫 번째 대화에 단서가 있었다. 그가 총격전에 대해서 이야기했을 때. 그가 터프가이처럼 허세를 부렸을 때.

그는 나를 감동시키려고 했다. 그것은 나에게 통하지 않았다. 나는 그가 자신을 대단한 사람처럼 생각하는 것을 자제시키려고 했다. 터프가이가 아니라 스파이처럼 되기를 바랐다. 아마 그는 그런 내가 못마땅했을 것이다.

나는 그에게 자료 수집 임무를 맡겼지만 그는 나를 배신했다. 그는 자신의 보스 게임을 위해 나를 이용했다. 내가 그에게 준 것을 다른 사람들과 나누어 가졌다.

그는 나에게서 받기만 하고 주지는 않았다.

그는 우리의 관계를 제로섬 게임으로 바꿔버렸다.

그는 나에게서 정보와 지식을 가져갔다. 그 자신의 엔드 게임에서 보스가 되기 위해 필요한 것을 가져갔다. 하지만 그다지 많이 가져가지는 못했다.

왜냐하면 내가 모든 것을 공개하지는 않았기 때문이다. 나는 아직 중요한 이야기는 하지 않고 기다렸다. 양파에 껍질이 스무 층이 있다면 그는 겨우 첫 번째 층을 통과했을 뿐이었다.

하지만 그는 그런 사실을 모르고 있었다.

내가 그에게 줄 수 있는 것이 훨씬 더 많다는 것을 몰랐다.

그는 부질없는 허영심으로 인해 인생에서 훨씬 중요한 것을 놓칠 수 있다는 것을 모르고 있었다.

그리고 이제는 결코 알지 못할 것이다.

이제 그와의 거래는 끝났다. 이제 그와의 관계를 정리할 때가 되었다.

그러나 문제가 있었다.

그는 자신의 거짓말이 들통 났다는 것을 알고 있었다. 내가 알고 있다는 것을 그가 알고 있었다.

그렇다면 그는 내가 다음에 어떻게 할지에 생각하고 있을 것이다. 그는 내가 자신에게 무슨 짓을 할지 생각하고 있을 것이다.

그는 아마 최악의 시나리오를 생각하고 있을 것이다.

스파이 영화에서 나오는 최악의 시나리오. 제임스 본드. 제이슨 본. 잭 바우어를 생각할 것이다.

영화에 나오는 스파이는 사람들을 다치게 한다. 눈 하나 깜빡하지 않고 사람을 죽인다. 마을 하나를 통째로 날려 버리기도 한다. 그가 거짓말을 한 것보다 더 사소한 일로.

이제, 그는 내가 어떻게 할 것인지 가늠하고 있었다. 내가 그를 해칠 것인가? 그의 가족을 해치지는 않을까?

물론 나는 그렇게 하지 않을 것이다. 그러나 그는 내가 어떻게 할지 모르고 있었다.

그것이 문제였다.

그는 내가 어떻게 할지 모르기 때문에 먼저 나를 공격하기로 결정할 수 있다.

그런데 상사는 나에게 그런 그를 다시 만나라고 했다.

✶✶✶✶✶✶

9/11 테러 이전부터 빈 라덴은 해외에 있는 미국의 시설물을 공격하고 있었다. 그는 아프리카에서 미국을 공격했다. 그는 중동에서 미국을 공격했다. 그는 언제라도 미국을 공격할 의지를 갖고 있었다.

빈 라덴은 칼리프가 되기를 원했다. 우리는 그가 칼리프가 되기를 원한다는 것을 알았다. 우리는 그가 움마, 중동, 그리고 그 자원을 그의 통치하에 두고자 하는 것을 알았다.

그러나 빈 라덴의 전략이 미국 본토에 위협이 된다고 생각한 사람은 거의 없었다.

빈 라덴이 엔드 게임을 내다보고 역추론을 해서 그의 전략 전체를 볼 수 있었던 사람은 없었다. 빈 라덴이 칼리프가 되기 위해 어떤 식으로 사람, 장소, 자원을 차지하려고 시도할 것인지 생각한 사람은 없었다. 빈 라덴이 미국 본토를 공격할 것이라고 짐작한 사람은 없었다.

빈 라덴이 칼리프가 되기 위해 거쳐야 하는 마지막 관문은 아랍 통치자들과의 제로섬 게임에서 이기는 것이었다.

빈 라덴이 칼리프 국가를 건설하기 위해 필요한 사람, 장소, 자원을 가진 아랍의 통치자들과의 제로섬 게임을 해야 했다.

결국, 빈 라덴과 아랍 통치자 사이에는 충돌이 일어날 것이다.

빈 라덴이 승리하면 칼리프 국가가 탄생할 것이다. 아랍 통치자가 승리하면 현상 유지가 될 것이다.

거기서 한 걸음 뒤로 물러나 보면 아랍 통치자들이 누구와 동맹을 맺을 것인지 알 수 있었다.

빈 라덴은 아랍 통치자들이 미국 주도의 동맹에 합류할 것이라고 보았다.

첫 번째 걸프전이 일어나기 전에 그는 그런 상황을 몸소 겪었다. 그 때 아랍 통치자들은 빈 라덴의 도움을 거절했다. 그 때 빈 라덴은 중동이 팍스아메리카나에 완전히 매몰되어 있다는 결론을 내렸다.

그래서 빈 라덴은 더 큰 그림을 구상했다.

빈 라덴은 칼리프 국가를 건설하기 위해 아랍 통치자들의 힘을 약화시켜야 한다고 생각했다. 그러자면 그들과 미국의 동맹을 약화시켜야 했다. 그들을 팍스 아메리카나에서 끌어내야 했다. 아랍 통치자들을 미국으로부터 분리시켜야 했다.

빈 라덴은 우선 아랍 통치자들을 미국으로부터 분리시키고 나서 그들을 하나씩 물리칠 생각이었다. 어쩌면, 무력을 사용할 필요가 없을 수도 있었다. 그의 성직자 지위를 이용해서 움마를 설득하면 움마가 아랍 통치자들을 몰아낼 수도 있었다.

그것은 빈 라덴에게 새로운 전략이 아니었다. 그는 아프가니스탄에서 비슷한 전략을 사용해서 성공했다. 그 곳에서 외국 정부를 공격해서 철수하게 만들었다. 외국 정부가 물러나자 신정 군벌들의 권력 다툼이 시작되었다. 결국 아프가니스탄에서 탈레반이 승리했다.

빈 라덴은 아프가니스탄에서 일어난 일이 중동에서도 일어나기를 바랐다.

빈 라덴은 중동이 나머지 세계로부터 독립하기를 원했다.

빈 라덴은 중동을 팍스 아메리카나에서 분리시키기를 원했다. 독자적인 노선을 걷기를 원했다. 그렇게 되면 그는 아랍 통치자들과 경쟁할 수 있었다. 빈 라덴은 그들과의 보스 게임에서 자신이 이길 수 있다고 생각했다.

이러한 전략을 염두에 두고 빈 라덴은 9/11 테러 공격을 감행했다.

그는 9/11 테러 공격에 사우디 국적을 가진 자살 특공대를 투입했다.

어느 한 쪽이 배신을 하는 것보다 동맹이 깨지는 더 확실한 이유는 없다. 불신의 뿌리가 내리게 하는 데는 그보다 더 좋은 방법이 없다. 한 쪽에서는 분노, 다른 쪽에서는 공포를 일어나게 만드는 것보다 더 좋은 방법은 없다.

9/11 테러가 일어났을 때 공포를 느낀 것은 미국인들뿐이 아니었다. 사우디는 미국의 반응에 공포를 느꼈다. 그들은 신속하게 미국에 있는 사우디인들을 집결시켰다. 공항이 다시 문을 열자 사우디는 그들을 민간 항공기에 태워서 데려갔다.

사우디가 자국의 국민들을 걱정하는 것은 당연했다. 미국인들은 9/11에 대해 사우디에 책임을 물었다. 일부는 사우디와의 동맹을 끊으라고 했다. 일부는 아랍 통치자들에 대한 지지를 철회하라고 외쳤다. 일부는 중동에서 미국이 완전히 철수해야 한다고 주장했다.

이처럼 9/11 테러는 미국과 아랍 통치자들 사이의 동맹을 약화시켰다.

빈 라덴이 원하던 대로 되었다.

9/11 테러 공격은 세 가지 측면에서 미국의 힘을 약화시켰다.

1. 팍스 아메리카나에서 미국의 힘과 리더십이 약화되었다.
2. 아랍 통치자들과 미국 간의 불신을 조장했다.
3. 동맹국들은 미국-아랍 동맹에서 미국 지도력에 대해 의문을 갖게 되었다 .

또한 9/11은 세 가지 측면에서 빈 라덴의 힘을 강화시켰다.

1. 빈 라덴은 칼리프 국가 건설을 위한 신봉자들을 얻었고 빈 라덴의 입지가 강화되었다.
3. 알카에다에 새로운 신병들이 들어왔다.
4. 빈 라덴은 알카에다의 확고한 지도자가 되었다.

빈 라덴의 전략을 위해 9/11은 매우 효과적인 전술이었던 셈이다.

그러나 그 후에 무슨 일이 일어났는가?

빈 라덴은 9/11 이후 십년 동안 아프가니스탄에, 그 다음에는 파키스탄에 숨어서 지냈다. 십여 년 간 그는 이렇다 할 활동을 하지 않았다.

빈 라덴은 2011년 5월 2일에 은둔해 있던 파키스탄에서 미군 특수부대에게 사살되었다.

빈 라덴은 죽기 전 십년 동안 다시 미국을 공격을 하지 않았다.

빈 라덴은 왜 살아있는 동안 더 많은 작전을 수행하지 않았을까?

미국의 쇼핑몰이나 경기장 또는 다른 취약한 곳을 공격하지 않은 이유는 무엇인가?

빈 라덴은 공격 능력이나 의지를 잃었던 것일까?

아니면 둘 다?

✶✶✶✶✶✶

스파이는 위험한 사람들을 만난다. 그들은 대부분 총을 지니고 있다. 폭탄을 지니고 있을 수도 있다. 그들은 마음만 먹으면 우리를 해칠 수 있다. 다치게 하거나 죽이거나, 마음만 먹으면 할 수 있다.

그러나 그런 일은 드물게 일어난다. 사람을 함부로 죽이기를 원하지 않기 때문이다. 원하면 할 수 있다. 그러나 원하지 않는다. 공격할 수 있는 능력이 있지만 의지는 없다.

공격을 하려면 두 가지가 필요하다.

1. 능력
2. 의지

둘 중에 더 중요한 것은 항상 의지다. 9/11 테러 이후 빈 라덴은 더 이상 미국을 공격하지 않았다. 사실 미군, 연합군, 전 세계가 빈 라덴의 공격을 막기 위해 협력했기 때문이기도 했다. 수십만 명의 사람들이 수십억 시간을 투자했다.

그러나 빈 라덴의 공격 능력이 완전히 무력해진 것은 아니었다. 그는 뭔가를 할 수 있었다. 누군가를 이용해 어딘가에서 공격을 재개할 수 있었다. 하지만 빈 라덴은 십 년 동안 아무것도 하지 않았다. 그 십 년 사이에 많은 일이 일어날 수 있었다. 하지만 아무 일도 일어나지 않았다.

빈 라덴이 공격할 능력이 있었는데도 하지 않았다면 그것은 그가 원하지 않았다는 것을 의미한다. 그는 공격 의지가 없었다.

이상하다.

빈 라덴은 9/11 테러 공격을 했다. 그 공격은 엄청난 결과를 가져왔다. 미국의 힘을 약화시키고 빈 라덴의 입지는 견고해졌다. 그런데 왜 그는 다시 공격을 하지 않았을까?

그 대답은 빈 라덴이 추구하는 엔드 게임에 있었다.

빈 라덴의 엔드 게임은 칼리프 국가의 부활이었다. 따라서 그의 전략은 칼리프 국가를 위한 사람, 장소, 자원을 얻기 위한 것이다. 그는 움마를 원했다. 중동을 원했다. 그리고 중동의 자원을 원했다.

더 나아가서 그는 그 모든 것을 지배하는 보스가 되기를 원했다. 그는 칼리프가 되기를 원했다.

빈 라덴은 자신의 엔드 게임을 향해 갈 수 있는 업적을 세워야 했다.

칼리프가 될 수 있는 일을 해야 했다.

칼리프가 되기 위한 경쟁에서 이겨야 했다.

만일 중동이 팍스 아메리카나에서 분리된다면 많은 사람들이 칼리프가 되기를 원할 것이다. 혁명이 성공하면 언제나 리더의 자리를 놓고 경쟁이 벌어진다. 혁명가가 항상 통치자가 되는 것은 아니다. 장군이 항상 왕좌에 오르는 것은 아니다.

빈 라덴 외에도 칼리프가 되고자 하는 사람들이 있었다. 그들은 저마다 자신이 진정한 칼리프가 되어야 한다고 주장할 것이다. 그들은 빈 라덴이 칼리프가 되어서는 안 된다고 주장할 것이다.

그것은 빈 라덴이 원하는 상황이 아니었다. 그는 자기 외에 다른 사람이 칼리프가 되는 것을 용납할 수 없었을 것이다. 빈 라덴은 칼리프 국가가 만장일치로 자신을 칼리프로 추대하기를 원했다.

이 목표를 위해 빈 라덴이 사용한 전술은 역사에서 많은 왕들이 사용한 것이다. 그것은 특별한 업적을 세우는 것이었다.

왕들의 전설은 그런 식으로 만들어진다. 전설의 왕들은 국민들에게 자신의 특별한 업적을 이야기한다. 아마 돌에 박힌 검을 꺼내는 것처럼 초인적인 능력에 대해 이야기할 것이다. 만일 국민들이 그의 이야기를 믿는다면 경쟁자들은 그를 몰아내기 어려울 것이다.

실제로 9/11 테러는 엄청난 사건이었다. 빈 라덴은 그 작전을 위해 많은 준비를 했다. 많은 계획을 했다. 많은 자원을 투자했다. 그리고 결국 가장 강력한 지도자로 부상했다.

빈 라덴은 그렇게 해서 어렵사리 얻은 지위를 잃고 싶지 않았다. 그는 리더십을 잃고 싶지 않았다. 그는 칼리프 국가에서 가장 높은 곳에 앉아 있기를 바랐다.

그래서 빈 라덴은 평범한 일은 하고 싶지 않았다. 칼리프가 되려는 다른 경쟁자들도 할 수 있는 일은 하고 싶지 않았다.

9/11 이후 미국인들은 자살 폭탄 테러의 대상이 되는 것을 두려워했다. 쇼핑몰, 경기장, 공원에서.

그러나 그런 소규모 자살 폭탄 테러는 특별한 업적이 될 수 없었다. 자살 테러는 많은 준비, 계획 또는 자원을 필요로 하지 않는다. 폭탄 제조자와 폭탄과 함께 죽을 순교자가 있으면 된다. 자살 폭탄 테러가 세계 곳곳에서 벌어지는 것도 그런 이유 때문이다.

그런 자살 폭탄 테러는 상대적으로 실행하기가 쉽다. 그래서 많은 미국인들이 9/11 이후에 언제 어디서 자살 폭탄 테러가 일어날지 몰라서 두려워했다.

빈 라덴 역시 그런 결과를 두려워했다.

미국에서 자살 폭탄 테러가 만연했다면 빈 라덴은 그런 상황을 자신의 업적이라고 주장할 수 있었을까? 자살폭탄 테러리스트들을 관리할 수 있었을까?

만일 그랬다면 빈 라덴은 오히려 자신이 9/11로 얻은 명성을 잃을 수 있었다.

빈 라덴은 9/11 테러 이후 반미 운동의 선봉에 선 지도자가 되었다. 알카에다의 강력한 지도자. 칼리프 국가가 건설되면 빈 라덴은 칼리프가 되는 맨 앞줄에 서게 될 것이었다.

그런데 무작위 자살 폭탄 테러가 지하디스트가 선호하는 전술이 된다면 빈 라덴이 그들을 통제할 수 있을지는 의문이었다.

무엇보다 빈 라덴은 아프가니스탄과 파키스탄에 은신해 있었다. 다른 경쟁자들이 주도권을 잡을 수 있었다.

빈 라덴이 미국의 쇼핑몰에서 자살 폭탄 테러를 하지 말라는 지시를 내렸는지는 알 수 없다. 그러나 그것은 그의 전략에 어긋나는 전술이었을 것이다. 그것은 칼리프가 되기 위해 경쟁을 해야 하는 상황을 만들 수 있었다. 빈 라덴은 경쟁을 원하지 않았다.

빈 라덴은 미국을 다시 공격하지 않았다. 만일 그가 마음을 먹었으면 공격을 했을 것이다. 그러나 그는 좀 더 특별한 업적을 세우기를 원했다.

빈 라덴은 9/11이 그랬듯이 다음 공격도 그의 전략에 획

기적인 진전을 가져오는 것이 되기를 바랐다. 그는 칼리프 국가의 건설을 위해 비범한 일을 하고 싶었다. 그리고 아랍 동맹국들과 미국을 분리시키려면 특단의 조치가 필요했다.

만일 빈 라덴이 핵무기를 보유하고 있었다면 그는 그것을 사용했을 것이다. 미국을 핵무기로 공격하는 것은 빈 라덴의 전략에 부합한다. 그것은 9/11처럼 그의 전략을 발전시킬 수 있었을 것이다. 더 확실한 효과를 얻을 수 있었을 것이다.

그래서 빈 라덴이 결코 핵무기를 보유하지 못하도록 전 세계가 필사적인 노력을 기울였다.

게다가 미국은 엔드 게임을 하고 있었다. 팍스 아메리카나를 유지하고 있었다. 그리고 그러한 엔드 게임을 지키기 위한 전략이 있었다.

빈 라덴이 실패한 이유는 미국에게는 전략을 성공리에 수행할 수 있는 전술적 능력이 있었다는 것이다.

팍스아메리카나는 9/11로 인해 힘이 약해졌다. 모두가 그렇게 느꼈다.

또한 미국과 아랍의 동맹이 약화되었다. 불신이 동맹의 기반을 흔들어놓았다.

그것은 약점이 많아졌다는 것을 의미했다. 바로 세워야 할 것들이 많이 있었다. 9/11 같은 일이 다시는 일어나지 않도록 하기 위해.

그래서 9/11 이후 미국은 네 가지 측면에서 빈 라덴의 힘을 약화시키는 전략을 사용했다.

1. 알카에다.
2. 빈 라덴의 알카에다 지도력.
3. 칼리프 국가의 건설 가능성.
4. 미래의 칼리프 국가의 지도자로서의 빈 라덴의 입지.

동시에, 다음 네 가지 측면에서 미국의 힘을 강화시켰다.

1. 팍스아메리카나.
2. 팍스아메리카나에서의 미국의 지도력.
3. 미국과 아랍 간의 동맹
4. 미국과 아랍 간의 동맹에서 미국의 지위.

미국의 전략은 빈 라덴의 전략의 대척점에 있었다.

양측은 같은 경기장 안에 있었다. 서로 충돌하는 목적을 갖고.

미국은 빈 라덴이 공격하기를 원하는 곳을 강화하기로 했다. 빈 라덴이 강화하기를 원하는 곳을 약화시키기로 했다.

미국은 그렇게 했다. 십년 넘게 단계적으로. 빈 라덴의 힘을 약화시키고 미국의 힘을 강화시키기 위한 전술을 단계적으로 사용했다. 그 전술의 대부분은 기밀이었다.[*]

그리고 2011년 5월이 되었다.

드디어 빈 라덴이 미국의 레이더망에 잡혔다.

미국 공무원들이 빈 라덴 가족의 DNA를 가져올 수 있는 파키스탄의 허가를 받았는지 여부는 중요하지 않았다. 사우디아라비아나 다른 동맹국이 승인했는지 여부는 중요하지 않았다. 미군이 파키스탄 영공에 진입하는 허가를 받았는지 여부는 문제가 되지 않았다.

2011년 5월 2일 미국은 동맹국들과 상의하지 않았다. 작전이 끝날 때까지 무슨 일이 있었는지 아무에게도 말하지 않았다.

그날 미국의 특수부대가 빈 라덴을 사살했다.

빈 라덴은 이제 칼리프가 될 수 없었다. 그의 비전은 실현되지 않았다.

---

[*] 비전과 전략은 대개 공개가 된다. 그러나 전술과 군사력은 기습 공격을 하기 위해 기밀에 붙여진다..

빈 라덴의 전략은 무위로 끝났다.

그러나 칼리프가 되려고 하는 사람은 빈 라덴 뿐이 아니다.

또 누군가가 움마를 통치하기를 원한다. 누군가는 중동의 토지와 자원을 원한다. 누군가는 중동을 팍스 아메리카나에서 끌어내기를 원한다.

누군가는 빈 라덴이 그랬던 것처럼 칼리프가 되기를 원한다.

빈 라덴의 묘지는 추종자들의 집결지가 될 수 있었다. 그의 무덤은 신사가 될 수 있었다.

그런 결과를 우려해서 미국은 빈 라덴의 시신을 바다로 보냈다. 그의 시신은 깊은 바다 속에 떨어졌다.

그러니 빈 라덴이 죽고 나서 이라크-시리아 이슬람 무장단체 ISIS가 등장했다. 칼리프 국가를 꿈꾸는 또 다른 그룹이다. 알카에다보다 더 강하고, 더 잔혹한 수니파 이슬람 극단주의자들이다.

미국의 중동에 대한 개입을 강도 높게 비판해온 오바마 대통령은 결국 2014년 9월 군사작전 돌입을 선언했다. 또 다시 테러와의 전쟁이 시작되었다.

이슬람 무장단체 IS의 지도자들은 그들 나름대로 칼리프 국가를 실현하기 위한 전략을 세운다. 빈 라덴과는 다른 전략. 그들은 스스로 '국가'를 자처하며 시리아와 이라크 일부를 차지하고 각종 범죄를 저지르는 한편, 포로를 처형하는 잔혹한 영상을 중계하는 수법으로 세계 여론을 자극한다.

그리고 IS가 아니더라도 언제 어디서 팍스아메리카나를 흔드는 위협은 나타날 수 있다.

스파이는
무엇으로
사는가

**포지티브
게임으로
이어가기**

2011년 겨울, 아랍 세계 전역에서 정부에 반대하는 항의 시위가 일어났다. 북아프리카 튀니지에서 시작된 반정부 시위는 동쪽으로 오만 왕국까지, 서쪽으로 리비아까지 들불처럼 번져나갔다.

밤사이 시내 한복판에 탱크와 기관총과 콘크리트 장벽이 나타났다. 시위대가 밀집했다. 폭동 진압 경찰이 배치되었다.

충돌이 일어났다. 그러다가 교착 상태에 빠졌다. 협상이 결렬되자 더 많은 충돌이 일어났다. 다시 교착 상태가 이어졌다.

겨울이 지나가고 날이 풀리면서 시위대에 이름이 붙여졌다. '아랍의 봄'이라는.*

밖에서 보면 그 혁명은 아주 느리게 진행되는 것 같았다. 어느 곳에서는 시위대가 패배했다. 어느 곳에서는 승리했다. 어느 곳에서는 패했다가 다시 승리했다.

'아랍의 봄'은 단순한 제로섬 게임처럼 보였다.

시위대와 아랍 수뇌부의 제로섬 게임.

어느 한쪽이 이기면 다른 쪽은 지는 제로섬 게임.

하지만 안에서 보는 상황은 달랐다. 안에서는 시위대가 주저하는 것이 보였다.

우리는 제로섬 게임을 할 때, 이기는 경우에 대해서만 생각하지 않는다. 지는 경우에 대해서도 생각한다. 게임에 지면 어떻게 될지 생각한다. 패자가 되면 승자가 무엇을 요구할 것인지 생각한다.

제로섬 게임이 끝나고 나서 승자와 패자 사이에 일어날 수 있는 세 가지 결과가 있다.

---

* 재스민 혁명이라고도 한다. 재스민 혁명은 튀니지에서 일어난 반정부 시위를 의미하고 '아랍의 봄'은 튀니지 재스민 혁명에 자극을 받은 아랍 민중들이 독재 정권을 연쇄적으로 붕괴시켰다는 '확산적인 의미'를 함축하고 있다.

1. 패자가 죽거나 정복당하거나 아니면 추방당한다.
2. 패자와 승자가 다시 제로섬 게임을 시작한다.
3. 패자와 승자가 포지티브섬 게임을 한다. 적과 동맹을 맺는다. 패자와 승자가 협력한다.

밖에서 보면, 아랍의 봄은 첫 번째 유형이 될 것처럼 보였다. 승자가 패자를 정복하고 패자는 죽거나 추방된다.

또는 두 번째 유형이 될 수도 있었다. 끝없는 내전이 이어진다. 양측이 영원히 맞서 싸운다.

그러나 아랍의 봄 안에서는 뭔가 다른 것이 보였다.

시위자들 대부분은 사실 위에서 세 번째 유형의 결과를 원했다.

이집트의 시위대는 30년 전에 만든 비상계엄법에 저항했다. 그들은 언론의 자유를 원했디. 일부는 박사 학위를 받아도 관광 안내원밖에 할 수 없는 현실에 좌절했다. 일부는 식량 분배 방식에 불만을 품었다. 그 외에도 많은 것들이 못마땅했다.

그러나 그들이 모든 것을 부정하는 것은 아니었다. 그들은 지키고 싶은 것들이 있었다.

그들은 이집트 정부가 그들을 이스라엘로부터 보호해주

기를 원했다. 튀니지로부터, 리비아로부터 보호해주기를 원했다. 교육 보조금을 지급하고 식량을 배급해주는 정부 정책에는 반대하지 않았다.

그러나 그들은 공정성과 형평성에 불만을 가졌다. 일부 특권층은 더 많은 재산을 축적했다. 더 나은 직장에 다니고 더 많은 여유를 즐기면서 살았다. 반면에 정부에 반대하는 사람들은 형벌을 받았다.

그래서 그들은 시위에 가담했다. 정의의 실현을 위해. 공정함을 위해.

그러나 그들은 이집트가 파괴되는 것은 원하지 않았다. 이집트 정부가 무너지는 것은 원하지 않았다. 다만 정부가 다른 결정을 내리기를 원했다. 더 나은 보스를 원했다.

그래서 시위대는 주저했다. 시위가 지나치게 폭력적이 되는 것을 원하지 않았다. 사태가 걷잡을 수 없이 되는 것을 원하지 않았다. 제로섬 게임의 두 번째 유형이 되기를 원하지 않았다. 내전이 일어나는 것을 원하지 않았다. 그리고 시위로 인해 일어날 수 있는 첫 번째 유형의 결과, 승자가 패자를 파괴하는 것은 원하지 않았다.

그들은 제로섬 게임이 포지티브섬 게임으로 이어지기를 원했다.

평화와 협력을 원했다. 이집트가 이집트로 남아 있기를 원했다. 국가와 함께 하기를 원했다.

그래서 그들은 단지 다른 보스를 원했다. 더 나은 보스를 원했다. 좀 더 민주적인 보스를 원했다.

보스는 때로 위원회가 될 수 있다.

일반적으로 모든 조직에는 의사 결정 계급이 있다.

또한 계급은 조직과 별개로 존재할 수 없다. 계급은 더 큰 게임 안에서만 존재한다. 다시 말해 모두가 계급을 인정하는 한에서만 존재한다.

계급에 복종하는 것은 항상 자발적인 것은 아니다. 위협을 해서 동조하게 만들 수 있다. 명령을 순순히 따르게 만들 수 있다. 이것이 독재 정권의 방식이다.

다행히 대부분의 조직에서 계급은 포지티브섬 게임의 형태로 존재한다. 그 안에서는 아랫사람이 자발적으로 위에서 하는 결정을 따른다. 왜냐하면 그럼으로써 모두가 혜택을 보기 때문이다. 서로에게 원원이 되기 때문이다.

이집트 시위대는 무바라크의 30년 독재를 끝내기를 원했다. 그들은 다른 보스를 원했다. 무바라크 정권이 물러가고 다른 지도층이 들어서기를 원했다.

그들은 더 큰 포지티브섬 게임을 망치고 싶지는 않았다. 이집트가 이집트로 남기를 원했다. 이집트의 국민, 영토, 자원을 지키기를 원했다. 다만 그들은 더 나은 정책을 원했다. 내부 계급이 달라지기를 원했다.

그러자면 또한 보스를 선출하는 방식을 바꿔야 했다. 투표를 할 수 있었다. 아니면 이슬람 성직자들에게 이집트에 대한 의사 결정권을 부여할 수 있었다.

그래서 시위대는 자제를 했다. 그들은 유혈 사태를 피했다. 닥치는 대로 돌을 던지지 않았다. 닥치는 대로 화염병을 던지지 않았다. 닥치는 대로 경찰을 죽이지 않았다.

하지만 때로 세상일은 본의 아니게 걷잡을 수 없게 되기도 한다. 오해가 생기거나 명령을 잘못 해석하거나 타협에 실패할 수도 있다.

그래서 때로 보스 게임은 제로섬 게임의 처음 두 가지 결과로 이어진다. 내전이 일어난다. 아니면 집단 학살.

독재정권이 들어선다. 반대파는 숙청된다. 한 쪽이 모든 것을 차지하며 완전한 승리를 거둔다. 아니면 나라가 완전히 무너져 내린다.

다행히 이런 결과는 드물게 일어난다.

일반적으로 보스 게임은 타협으로 끝난다. 보통은 협상을 해서 합의에 이른다. 시위대는 정부와 뜻을 함께한다. 모두가 새로운 규칙에 동의한다. 새로운 보스의 결정을 따른다. 다만 새로운 보스는 국민이 선택한다.

이것이 아랍의 봄 이후 아랍의 많은 국가에서 일어난 일이다. 무바라크*는 이집트를 떠났고 이집트인들은 이집트에 남았다. 벤 알리**는 튀니지를 떠났고 튀니지인들은 튀니지에 남았다. 시위대의 제로섬 게임은 포지티브섬 게임으로 이어졌다.

제로섬 게임에서 승리하는 최선의 방법은 포지티브섬 게임으로 이어가는 것이다. 그러나 아랍의 모든 국가가 그렇게 되지는 않았다.

리비아에서는 분열이 일어났다. 제로섬 게임의 두 번째 유형이 되었다. 내전이 계속되면서 제로섬 게임이 제로섬 게임으로 이어졌다.

---

* 호스니 무바라크(1928.5.04~): 이집트를 30년간 장기 집권하다가 국민의 반정부 시위가 시작된 지 18일 만인 2011년 2월 11일 대통령직을 사퇴했다.
** 벤 알리: 1987년 11월 무혈 쿠데타를 일으켜 30년 동안 장기 집권한 하비브 부르기바 초대 대통령을 축출하고 제2대 대통령에 취임하였다. 2011년, 높은 실업률과 물가 상승에 의한 정권 퇴진 운동으로 대통령직에서 물러나 사우디아라비아로 망명했다.

3장 보스 게임

이것이 스파이가 보스 게임을 주시하는 이유다. 누가 보스이고 누가 이기는지 뿐 아니라 그들이 어떤 사람이 될 것인지 지켜본다. 보스 게임이 통제 불능이 되지 않는지 지켜본다. 그래야 나중에 오는 게임을 짐작할 수 있기 때문이다.

상대방의 전략을 살펴볼 때는 보스 게임을 면밀히 관찰해야 한다. 보스가 바뀌면 전략도 바뀌기 때문이다. 동맹국이 한순간 적으로 변할 수도 있다.

그리고 상대가 적이라면 그들의 보스 게임을 면밀히 주시해야 하는 또 다른 이유가 있다.

보스는 계속해서 보스로 남을 수 있는 전략을 세운다.

그 전략이 우리를 공격하는 것이 될 수도 있다.

✶✶✶✶✶✶

상사는 사무실 문을 열어놓고 나를 기다리고 있었다. 그녀는 들어오라고 손짓을 했다. 중간 크기의 사무실에 갈색 톤의 견고하고 묵직한 가구들이 직각으로 배열되어 있었다. 나는 희미한 얼룩이 있는 의자에 가서 앉았다.

"무슨 일이 있었는지 들었어요." 그녀가 나를 향해 돌아앉으며 말했다. "하지만 직접 당신 이야기를 듣고 싶군요."

내가 자초지종을 설명했다. '그는 제보자로 지원을 했다. 우리는 여러 번 만났다. 나는 그를 우리 팀에 합류시키려고 했다. 그런데 그가 비밀을 지키지 못한다는 것을 알았다. 그리고 그 후에도 그는 계속 거짓말을 했다.'

"그를 어떻게 할 건가요?" 그녀가 물었다.

"끝내야죠." 내가 말했다. "끝났습니다."

그녀는 고개를 끄덕였다.

쉽지 않다고 나는 말했다. 그 제보자는 자신이 해고될 것이라고 짐작하고 있을 것이다. 하지만 그는 선처를 바랄 것이다. 아니면 반격을 해올 수도 있다. 내가 그와의 관계를 끝내겠다고 말하면 그는 어떤 식으로든 반응을 보일 것이다. 그러니까 그에게 전화로 알리는 것이 좋을 것 같다. 그가 어리석은 짓을 하지 않도록. 그는 이미 충분히 어리석은 짓을 많이 저질렀다.

그녀가 머리를 가로저었다. "아니에요. 직접 만나서 말하세요. 끝났다는 것을 확실하게 말해주세요. 우리가 분명히 그를 해고했다는 것을 알게 해야죠."

뜻밖이다. 내가 기대한 대답이 아니다.

그것은 좋은 생각이 아니다. 그녀는 나에게 불필요한 위험을 감수하라고 말하고 있었다.

하지만 나는 그녀를 상사로서 좋아했다. 그녀를 존경했다. 그래서 처음에 내가 모르는 뭔가가 있다고 생각했다. 내가 모르는 뭔가를 그녀가 알고 있는 줄 알았다.

그녀의 말에 나는 다시 그를 만나는 상상을 했다. 그가 어떤 반응을 보일까? 내 말을 들으면 어떤 행동을 보일까?

나는 이런 상황에 대비해서 훈련을 받은 적이 있다. 제보자를 해고할 때 어떻게 해야 하는지. 우선 강의를 듣고 나서 역할놀이로 연습을 했다. 교관이 직접 제보자 역할을 맡았다.

그것은 간단한 훈련이었다. 특별한 준비가 필요 없었다.

제보자 역할을 맡은 교관은 좋은 사람이었다. 그는 일부 교관들처럼 허세를 부리지 않았다. 나는 그 사람이어서 다행이라고 생각했다.

우리는 훈련을 위해 준비한 호텔방에서 만났다. 나는 그에게서 배운 대로 그를 해고하겠다고 말했다.

제보자 역할을 하는 교관은 강하게 반발했다.

나는 다시 강의에서 배운 대로 똑같이 말했다. 한 번 해고가 결정되면 되돌릴 수 없다고 말했다.

잠시 정적이 흘렀다.

그리고 그가 일어섰다. 그는 갑자기 목청껏 소리를 지르기 시작했다. 대부분 내가 모르는 언어로.

그는 나에게 주먹을 휘두를 것처럼 길길이 뛰었다. 그러나 그는 대신 램프를 내리쳤다. 모형이 아닌 진짜 램프였다. 전구가 부서졌다. 깨진 유리가 바닥에 흩어졌다.

나는 그를 진정시키려고 노력했다.

소용없었다.

그는 계속해서 큰 소리로 외쳤다. 이번에는 영어로 자신의 아이가 아프고, 돌봐야 하는 노모가 있고, 그가 사는 동네가 우범지대라는 이야기를 했다.

결국 그는 밖으로 뛰쳐나갔다. 문을 세차게 닫고 나가더니 복도를 내려가면서 계속 고함을 지르는 소리가 들려왔다.

나는 산산이 부서진 전구의 유리 조각을 내려다보았다.

CIA 교육을 받을 때는 실수를 하면 안 된다. '만족스럽지 않다'는 평가를 받으면 '벌점'이 쌓인다. 벌점이 많아지면 탈락이 된다.

나는 실수를 했다. 그러나 어떤 실수를 했는지 알 수 없었다. 강의에서 들은 대로 정확히 따라했다. 교본에 나와 있는 대로 했다.

전화벨이 울렸다. 교관이었다.

그는 나에게 걱정하지 말라고 말했다. 나에게 벌점을 주지 않을 거라고 했다. 왜냐하면 내가 배운 대로 했으니까.

하지만 나는 뭔가 잘못했다는 것을 알았다. 제보자의 입장이 되어서 생각하지 못했다. 제보자가 어떻게 행동할지 예상하지 못했다. 그런 반응에 준비가 되어 있지 않았다. 위험해질 수 있는 상황을 만들었다.

그 후 첩보 요원으로 일하다가 실제로 제보자들을 해고해야 하는 경우가 있었다. 그럴 때마다 나는 그 교관이 보였던 반응을 생각했다. 제보자가 어떻게 반응할지 예상했다. 그리고 준비를 했다. 적절한 전략을 수립했다.

그런데 지금 보스는 나에게 그동안 내가 배운 것을 무시하라고 말하고 있었다. 스파이는 항상 최악의 경우에 대비한다. 하지만 그녀는 내가 무슨 생각을 하고 있는지 알면서도 모르는 척 했다.

나는 제보자를 해고할 뿐 그를 다치게 하지는 않을 것이다. 나는 그의 가족에게 아무 짓도 하지 않을 것이다. 하지만 그는 내가 어떻게 할지 모르고 있었다.

그것이 문제였다.

그는 자신이 당하기 전에 먼저 공격을 하기로 마음을 먹을 수 있다. 무엇보다 그는 터프가이였다. 그런 직업을 갖고 있었다.

그런데 보스는 나에게 그를 만나서 얼굴을 맞대고 해고를 하라는 지시를 내렸다.

******

어떤 결정을 내릴 때 신중을 기해야 이유는 그 결정을 실행에 옮겨서 일단 행동을 하고 나면 다시 되돌릴 수 없기 때문이다.

혼자 결정하고 혼자 행동을 할 때는 반드시 결정이 행동으로 이어지지 않을 수 있다. 결정을 했더라도 행동하기 직전에 마음을 바꿀 수 있다.

하지만 조직에 속해 있을 때는 좀 더 어렵다. 결정하는 사람과 그 결정을 실행에 옮기는 사람이 다르기 때문이다. 결정을 하는 사람이 있고 그 결정에 따라 행동하는 사람이 있다.

단, 행동하는 사람은 거부권을 행사할 수 있다. 결정에 따르지 않겠다고 거부할 수 있다.

하지만 때로 우리는 거부권을 행사할 수 있다는 생각을 하지 못한다. 때로는 애초에 어떤 결정을 거부한다는 생각을 하지 못하도록 세뇌를 당한다.* 아니면 거부를 하다가 죽을 수도 있다.**

조직에 속해 있으려면 계급을 인정해야 한다. 주어진 일이 다른 사람들의 결정에 따라 행동하는 것이라면 그 결정을 따라야 한다. 위에서 지시하는 대로 움직여야 한다. 그룹에 속해 있는 한 결정을 거부할 수 없다.

---

* 이것은 신병 훈련소의 목적 중 하나이다. 아마 가장 주된 목적일 것이다.
** 조직에서 명령에 따르지 않으면 해고가 되고 최전방에서 명령을 따르지 않는 병사는 총살을 당할 수 있다.

대규모 조직에서는 서로 다른 의사 결정을 하는 계통이 있다. 어떤 결정은 어느 계통에서 하고 어떤 결정은 또 다른 계통에서 한다.

정보기관도 마찬가지다. 행정 계통과 운영 계통이 나뉘어져 있다.

행정 계통에서는 인사, 전략, 자원과 관련된 결정을 한다. 어떤 직원을 고용해서 어디에 배치할지 결정한다. 누구를 관리자로 승진시킬지 결정한다.

운영 계통에서는 작전 문제를 결정한다. 어떤 제보자를 믿고 함께 일할 것인지. 그들과 어떤 식으로 함께 일할지 결정한다. 그리고 어느 정도 위험을 감수하고 일할 것인지 결정한다.

정보기관의 행정 계통에는 맨 위에 국장이 있다. 그러나 운영 계통에는 맨 위에 현장 요원들이 있다. 각각의 현장 요원에게 결정권이 있는 것이다.*

때로 두 계통 사이에서 충돌이 일어나기도 한다.

---

* 원래 이 방법을 사용한 이유는 실시간 의사소통이 불가능해서 결정이 느려졌기 때문이었다. 본부에서 적절한 결정을 내리기 위해 시시각각 필요한 자료를 얻을 수 있는 방법이 없었기 때문에 운영 결정은 현장 요원들에게 맡겨졌다. 요즘은 통신 수단의 발달로 변화가 생기고 있다.

3장 보스 게임

충돌이 일어나면 일반적으로 운영 계통이 이긴다. 관리자들은 현장 요원들의 결정을 존중해야 한다고 믿는다. 무엇보다 현장 요원들은 위험에 노출되어 있기 때문이다.

현장 요원이 무언가를 필요로 할 때, 관리자들은 일손을 멈춘다. 현장 요원을 위해 모든 관리 활동을 중단한다. 인사 결정을 멈춘다. 전략의 진행을 멈춘다. 자원 할당 문제에 대한 결정을 중단한다. 모든 업무를 중단하고 현장 요원들을 지원한다.

한 번은 해외에 나갔다가 돌아와서 본부에 현지 사정을 이야기하러 갔다. 급하게 가느라고 미리 약속을 정할 시간이 없었다.

사무실에는 직원들이 없었다. 모두들 회의실에 모여 있었다. 문이 열려 있었다. 길다란 테이블 끝에서 한 여자가 이야기를 하고 있었다. 나는 문 바로 안쪽에 앉은 남자에게 회의가 언제 끝나는지 물었다.

긴 테이블 끝에 앉은 여자가 내가 하는 말을 들었다. 방해를 받은 것에 화가 나서 그녀는 나에게 뭘 원하느냐고 물었다.

그제야 나는 그녀를 알아보았다. 그녀는 나보다 20살이 많고 직급이 한참 위인 CIA의 국제부장이었다.

나는 방해를 한 것에 대해 사과하고 내가 누구이고 무슨 일로 본부를 찾아왔는지 이야기했다.

방안이 고요해졌다.

"현장 요원이라고요?" 그녀가 나에게 물었다.

나는 고개를 끄덕였다.

그러자 그녀는 자리에서 일어서면서 말했다. "여기서 회의를 끝냅시다. 여러분." 그리고 그녀는 세 명을 지목했다. "당신, 당신, 그리고 당신. 가서 저 사람을 도와주세요. 지금 즉시 당장."

그리고 그녀는 나를 돌아보고 말했다. "그들이 도움이 되지 않으면 나에게 오세요. 당신이 필요한 것을 얻을 수 있도록 할 겁니다."

또 한 번은 CIA 국장과 자리를 같이 한 적이 있었다. 나는 그에게 당시에 내가 하고 있던 일에 대해 간단히 설명을 했다. 나중에 국장은 보좌관들을 따돌리고 나에게 다가오더니 한쪽으로 데리고 갔다. 그는 정치인들이 하는 것처럼 한 팔로 나를 감싸고 가까이 당기더니 속삭이듯이 말했다. "할 수 있다면 자네가 하는 일을 나와 바꾸지 않겠나?"

나는 껄껄 웃었다.

"농담이 아닐세." 그가 말했다. 어색한 순간. 그는 나에게 무슨 대답이라도 듣고 싶어 하는 것 같았다.

"사양하겠습니다, 국장님." 내가 말했다.

그는 큰소리로 웃었다. 그리고 내 어깨를 두드리며 말했다. "그럴 줄 알았네." 그는 보좌관들에게 돌아갔다.

그는 내가 하는 이야기를 들은 후에 자신이 하는 일이 따분하게 여겨졌을 수 있다. 그는 문득 책상 앞에 앉아서 인사, 자원. 정책에 대해 고민하는 것이 아니라 스스로 작전을 짜고 실행에 옮기는 일을 하고 싶은 마음이 들었던 모양이다.

대체로 두 계통은 서로 협력해서 일한다.

그러나 때로는 충돌이 일어난다.

때로 행정 계통에서 현장 요원에게 불리한 결정을 내린다. 때로는 현장 요원이 해서는 안 되는 일을 지시한다.

그러면 현장 요원이 위험해진다. 작전 계통의 결정은 비공식적이고 행정 계통의 결정은 공식적이기 때문에 공식적인 결정이 이긴다. 무엇보다 공식적인 결정은 문서화된 것이기 때문이다.

하지만 스파이가 될 때 이러한 위험에 대해서는 듣지 못한다. 그들은 위험한 장소에서 위험한 사람들과 일하게 된다고 말해준다. 일을 하다가 죽을 수도 있다고 분명히 말해준다. CIA 본부에는 임무를 수행하다가 죽은 요원들을 기리는 별들이 벽에 붙어 있다. 스파이가 되기 위해서는 죽을 각오를 해야 한다. 그 결과는 우리 스스로 택하는 것이다.

그러나 관료 조직이 갖고 있는 위험에 대해서는 아무도 말해주지 않는다. 행정 계통의 누군가가 현장 요원의 생각을 무시하고 불필요한 위험을 감수하게 만들 수 있다고 말해주지 않는다. 안 그러면 대가를 치를 수 있다는 것을 말해주지 않는다. 행정 계통에서는 인사와 전략과 자원에 대한 결정을 내린다. 따라서 그들은 현장 요원을 골탕 먹일 수 있는 여러 가지 방법을 갖고 있다.

그것은 내가 지금 직면한 위험이었다. 관료조직이 가진 약점.

상사는 내가 원하지 않는 일을 하라고 지시했다.

물론 나에게는 거부권이 있다. 그녀의 결정에 따라 행동하기를 거부할 수 있었다. 그러나 나는 그렇게 하고 싶지 않았다. 안 그래도 된다면 거부권을 사용하고 싶지 않았다.

나는 보스 게임을 원하지 않았다. 누구에게 결정권이 있는지를 놓고 상사와 대립하고 싶지 않았다. 내가 하는 일을 그만두고 싶지 않았기 때문이다.

✳✳✳✳✳✳

나는 그 시간에 상사 사무실이 아니라 다른 곳에 있어야 했다. 거리로 나가야 했다. 다른 제보자들을 관리하고 새로운 제보자를 모집해야 했다.

나는 새로운 제보자를 포섭하기 위해 공을 들이고 있었다. 그 중 한 명은 테러 자금책에 대한 정보를 빼내올 수 있었다.

테러는 돈이 들지 많이 들지는 않지만 어느 정도는 필요하다. 폭탄을 제조하고 무기를 사야 한다. 테러리스트는 이런 것들을 범죄자들에게서 산다. 범죄자들은 싸게 팔지 않는다. 비행기 표도 사야하고 생계비도 필요하다.

따라서 테러를 예방하는 방법 중에 하나는 그들의 돈줄을 막는 것이다. 이것은 9/11 테러 이후 미국이 사용하는 전술 중 한 가지다. 테러리스트들의 은행 이체를 감시하는 것이다. 테러 자금이 의심되면 정밀 조사를 한다.

그래서 테러리스트들은 지하로 숨어든다. 현금을 여행 가방에 넣고 다닌다. 다이아몬드처럼 무게가 나가지 않는 고가의 물건으로 물물 교환을 한다. 가족의 인맥을 통해 돈을 움직인다.

아니면 계좌 이체를 합법적인 비즈니스 거래처럼 보이게 만든다.

내가 새로 포섭하고자 하는 제보자는 테러 자금의 흐름을 일부 알아낼 수 있는 방법을 갖고 있었다. 그 정보가 필요하다고 말하자 그는 가져올 수 있다고 했다. 그는 팍스아메리카나를 좋아했다. 그는 안전한 세상을 원했다.

하지만 그는 결국 안하겠다고 거절했다.

"너무 위험합니다. 아내가 있습니다. 아내가 아무것도 모르고 있다가 위험한 상황을 맞게 하고 싶지는 않군요." 그가 말했다.

당연하다.

테러리스트들은 위험하다. 제보자가 그들에 대한 정보를 우리에게 주면 그로 인해 그의 가족들이 위험해질 수 있었다.

하지만 그는 절대 안하겠다는 말을 하지 않았다. 그는 하고 싶지만 하지 않겠다고 했다.

당연하다.

그는 자신의 엔드 게임을 하고 있었다. 그는 사랑하는 아내가 있었다. 그는 고소득자였다. 안전한 동네에 있는 근사한 집에서 살았다. 뭣 하러 굳이 위험을 무릅쓰겠는가?

대부분의 사람들이 그럴 것이다. 자신이 원하는 엔드 게임을 포기하지 않으려고 한다.

하지만 그 엔드 게임을 위협하는 세력이 있다면?

그것은 추상적인 위협이 아니다. 실존적 위협이다. 엔드 게임의 가장 중요한 부분을 위협한다. 그 안에 있는 사람들을 공격한다.

엔드 게임에 안에 있는 사람들은 위협을 느끼면 마음가짐이 바뀐다. 충돌이 불가피하다고 생각할 수 있다.

그가 정보원이 되어 달라는 내 제의를 거절한 지 7주 후 그의 고향 마을에서 폭탄 테러가 일어났다. 많은 사람들이 죽었다. 끔찍하게. 일부는 그와 그의 아내의 친척들과 친지들이었다. 그들 부부에게 그것은 9/11과 같았다.

그는 나에게 연락을 했다. 내 제안이 아직 유효한지 물었다. 가능하면 빨리 만나자고 했다. 그는 빨리 시작하기를 원했다.

그의 엔드 게임이 위협을 받고 있었다.

그와 주변 사람들이 언제 또 테러 공격을 받을지 알 수 없었다.

그는 나와 동맹을 맺을 때가 되었다.

그는 결국 우리 팀에 합류했다.

******

스파이는 종종 죽음을 생각한다. 임무를 수행하다가 죽은 동료들에 대해 생각한다.

어느 날 갑자기 총에 맞아 죽은 사람을 생각한다. 차 사고로 죽은 사람은 사고가 아니었을 수 있다. 아프가니스탄에서 살해당한 마이크 스팬에 대해 생각한다. CIA 본부 벽에 별로 남아 있는 사람들에 대해 생각한다.

우리는 죽음에 대해 생각하고, 우리의 죽음이 헛되지 않기를 바란다. 일을 하다가 죽을 수도 있다는 것을 알지만 의미 있는 죽음이 되기를 원한다. 목숨을 헐값에 팔고 싶지 않다.

우리는 어리석은 죽음을 원하지 않는다. 따라서 어리석은 행동을 하지 않는다.

만일 내가 터프가이 제보자를 직접 만나서 해고를 한다면 그것은 어리석은 행동이 될 수 있었다.

나는 상사의 기분을 상하게 하지 않게 하면서 설득을 하려고 노력했다. 수학, 논리, 역추론을 사용해서 내 생각을 설명했다.

거짓말을 한 제보자를 다시 만나서 얻을 수 있는 것은 없다. 그는 분명 어떤 반응을 보일 것이고 나를 공격할 수도 있다. 그러면 나도 방어를 해야 할 것이고 그 결과는 아무리 잘해야 본전이다.

그가 먼저 공격을 해올 가능성은 충분히 있다. 그는 가만히 앉아서 나쁜 소식을 기다리지 않을 수 있다. 먼저 공격하기로 결정할 수 있다.

그리고 좀 더 큰 그림을 보자. 알다시피, 나는 세계 여러 지역을 다니며 경쟁 관계에 있는 나라들을 상대로 첩보 활동을 하고 있다. 무엇보다 우리는 빈 라덴을 상대로 싸우고 있다. 그 외에도 당장 내가 직접 살펴야 하는 문제들이 있다.

게다가 그 제보자는 아직 현장 요원이 아니다. 그는 핵심적인 문제에서 멀리 떨어져 있다. 그는 더 나은 선수가 될 수 있었지만 잘못된 선택을 했다. 어리석은 선택을 했다.

나는 차근차근 설명을 했다. 수학적으로. 논리적으로. 합리적으로.

하지만 그녀는 합리적 결정에 관심이 없었다.

그녀에게 중요한 것은 단 한 가지였다. 자신이 나보다 서열이 높다는 것이었다. 그녀는 나에게 지시를 내리는 위치에 있었다. 나는 그녀의 지시를 따라야 했다.

하지만 그녀는 대놓고 나에게 명령을 내리기는 원하지 않았다. 그녀는 친절한 상사가 되기를 원했다.

그래서 그녀 역시 나를 설득하려고 노력했다.

그녀는 나에게 '우리'가 일하는 방식을 따라야 한다고 말했다. 그리고 연달아서 나에게 질문을 했다. 심문하듯이. "우리가 어떤 조직인가?" "우리와 달라지기를 원하는가?" "아웃사이더가 되겠다는 것인가?"

이런 질문은 나의 논리적인 주장보다 강력했다.

하마터면 그녀가 하는 말에 넘어갈 뻔했다.

나는 외부자가 되고 싶지 않았다. 그다지 중요하지 않은 문제 때문에 상사의 눈 밖에 나고 싶지 않았다.

"글쎄요. 저는 그 남자를 압니다. 그가 어떤 생각을 하는지 알아요. 그는 뭔가를 할 겁니다. 아마 어리석은 짓을 할 수도 있습니다." 내가 말했다.

그녀는 얼굴을 붉혔다. 소리를 지를 것처럼 숨을 들이쉬었다가 참았다. 하지만 일어나서 나가버리지는 않았다.

그녀의 얼굴에 미세한 경련이 일어나는 것이 보였다. 그녀는 물러서지 않을 것이다.

나도 물러서지 않았다.

이제 충돌이 일어날 것이다. 제로섬 게임.

그녀와 나, 둘 중 한 명이 이길 것이다. 다른 한 명은 양보를 해야 한다.

하지만 최악의 제로섬 게임은 아니다. 패자가 완전히 나락으로 떨어지는 그런 게임은 아니다. 그리고 이후에 충돌이 반복되는 형태의 게임도 아니다. 적어도 그런 게임이 되지 않기를 바랐다.

그 게임이 끝난 후에는 우리의 포지티브섬 게임이 계속되기를 희망했다. 우리는 다시 원원 관계로 돌아갈 것이다.

그렇다면 나는 여기서 한 발 물러서야 할 것이다. 그리고 그녀 역시 한 발 물러서면 좋을 것이다.

그녀는 한 발 물러서서 새로운 제안을 했다.

그녀는 한숨을 크게 내쉬고 나서 말했다. 나를 보호하기 위해 다른 요원들을 현장에 배치하겠다고 제안했다.

역시 내가 생각하는 해결책은 아니었다. 나는 보통 혼자 일했다.

그러나 그녀가 관대한 제안을 했다고 생각했다. 사람이 많으면 힘이 생긴다. 상대에게 두려움을 줄 수 있다.

그 방법은 때로 효과가 있다. 누군가에게 위압감을 주려고 하면 사람이 많을수록 좋다. 그러나 사람이 많다고 해서 안전이 보장되는 것은 아니다. 때로는 더 많은 희생자가 생길 뿐이다.

사람이 많으면 그에게 공포를 줄 수 있다. 공포는 어리석은 짓을 하게 만들 수 있다. 더 많은 사람들이 희생자로 만드는 어리석은 짓을 할 수 있다.

나는 머리를 가로저었다.

사람을 추가하면 일이 더 커질 수 있다. 그로 인해 더 중요한 게임에 차질이 생길 수 있다.

그보다는 이 작은 게임을 더 작게 만드는 것이 옳은 방법이다. 최대한 신속하고 간단하게 처리하는 것이 좋다.

나는 다시 그녀의 제안을 거부했다. 사람 수를 늘리는 것은 좋지 않은 생각이라고. 사람 수가 많다고 위험이 적어지지는 않는다고. 오히려 더 위험해질 수 있다고.

그녀는 나를 노려봤다. 나를 이기고 싶어 했다. 그녀는 물러나지 않을 것이다.

그래서 결국 나는 마지막 카드를 꺼낼 수밖에 없었다.

나는 그 문제를 국장의 결정에 맡기자고 제안했다.

✶✶✶✶✶✶

모든 사람들이 팍스 아메리카나를 좋아하지는 않는다. 사실은 많은 사람들이 좋아하지 않는다.

심지어는 미국 정부와 CIA 내에도 팍스 아메리카나를 싫

어하는 사람들도 있다. 일부는 유사 고립주의자들이다. 그들은 미국의 엔드 게임이 미국 국경에서 멈추었다고 믿는다. 일부는 다른 엔드 게임을 원한다.

또 어떤 사람들은 팍스아메리카나에 전혀 관심이 없다. 그들은 단지 월급만 받으면 된다.

하지만 미국인들 대부분에게 팍스 아메리카나는 요새와도 같다. 필요하면 목숨을 걸고 지켜야 하는 것이다. 그들은 자신과 주변 사람들을 위해 기꺼이 싸울 것이다. 다만 그런 일이 일어나지 않기를 바랄 뿐.

요새를 지키는 한 가지 방법은 아직 위협이 적고 멀리 있을 때 알아내는 것이다. 위협이 커지기 전에. 적의 공격 능력이 위협적이 될 정도로 강해지기 전에 막아내는 것이다.

스파이는 자국에 위협이 되는 잠재적인 적들을 감시한다. 누가 우리를 공격할 의지를 갖고 있는지 주시한다. 그들이 어떤 기술과 무기를 구입하는지 감시한다. 우리를 공격하기 위해 누구와 동맹을 맺는지 감시한다.

더 나아가서 그들의 엔드 게임을 알아낸다.

우리가 원하는 엔드 게임과 충돌하는 또 다른 엔드 게임을 가진 적을 확인하면 그들이 어떤 사람들인지, 누구와 동맹을 맺을 것인지, 언제 우리를 공격할 준비가 될 것인지 조사한다. 그들이 우리를 공격하기 전에 위협을 감지한다. 그들의 전략을 알아낸다.

그렇게 되면 유리한 위치에 서게 된다. 적의 동맹을 혼란에 빠뜨릴 수 있다. 선제공격을 할 수 있다. 적의 공격 능력을 사전에 제거할 수 있다. 많은 생명을 구할 수 있다.

그러기 위해 스파이는 위험을 감수하고 호랑이굴로 들어간다. 정보를 얻기 위해 덫을 놓고 기다린다. 전조를 관찰한다. 앞으로 일어날 수 있는 일의 조짐을 감지한다.

누군가의 공격 능력과 의지가 만나는 지점을 감시한다. 그것이 언제 위협으로 바뀔지 지켜본다.

9/11 테러의 경우에는 실패했지만, 적의 공격 능력에 대해서는 일반적으로 알아내기가 좀 더 쉽다. 보통 무기, 군대, 기술력을 살펴보면 된다.

하지만 공격 의지는 알아내기가 좀 더 어렵다. 그러나 마찬가지로 중요한다. 아마 더 중요할 것이다. 공격 의지가 있다면 공격할 수 있는 힘을 기르기 위해 노력할 것이기 때문이다.

따라서 누가 공격 의지를 갖고 있는지 알아내야 한다. 누가 자신의 엔드 게임을 위해 필요한 사람, 장소, 자원을 노리고 있는지 알아내야 한다.

지금은 적이 아니라고 해도 언젠가는 적이 될 수 있다.

그래서 경계를 게을리 하지 말아야 한다. 무엇을 감시해야 하는지 알아야 한다. 어떤 일이 벌어질 수 있는지에 대한 가설을 갖고 있어야 한다.

누가 어떤 엔드 게임을 원하는지 알면 그가 어떤 동맹을 맺고 어떤 공격을 해올지 역으로 추론을 해볼 수 있다.

그래서 동맹, 협정, 회담을 감시한다.

새로운 능력, 새로운 거래, 새로운 기술을 감시한다.

그러면 그 모든 것이 어떤 의미를 갖고 있는지 알게 된다.

혼란스러운 세상이 관리 가능한 크기로 축소된다.

상대의 전략을 이해할 수 있는 크기로 축소된다. 그러면 언제 그들이 우리에게 위협을 가할 수 있는 준비가 될지 알게 된다.

그러면 어떤 위협을 진지하게 고려할 것인지 선택할 수 있다. 우리를 위협하는 의지, 능력, 동맹을 갖고 있는 적에게 초점을 맞출 수 있다.

이것이 스파이가 필요한 이유다.

스파이가 하는 일은 위험하다. 하지만 스파이는 무모한

행동을 하지 않는다.

스파이는 얻는 것은 없고 잃을 것은 많은 곳에 가지 않는다. 아무리 잘해도 얻는 것이 없는 제로섬 게임은 피하려고 한다.

일단 제로섬 게임이 시작되면 전략이 밖으로 노출되기 쉽다. 그러면 생각할 시간은 적어진다. 실시간으로 반응을 해야 한다.

그리고 현실에서는 항상 예상하지 못한 일들이 일어난다.

생각지도 못한 위험 가능성은 언제나 존재한다.

그래서 어떤 게임을 하게 될지 아는 것이 중요하다.

위험을 무릅쓰고 시도할 가치가 있는 게임을 해야 한다.

이길 수 있는 게임을 해야 한다.

✶✶✶✶✶✶

나는 상사에게 그 결정을 윗선으로 넘기자고 제안했다. 국장에게 가서 그가 누구의 손을 들어주는지 보자고 했다.

그렇게 되면 우리 둘이 보스 게임을 하지 않아도 될 것이다. 국장이 최종 의사결정자가 될 것이다.

그녀는 그 방법을 썩 내켜하지 않았지만 공식적인 서열을 존중하겠다는 것에 대해 반대를 할 수 없었을 것이다.

우리가 국장을 보러 갔을 때 그는 자리에 없었다. 그의 비서가 다음날로 약속을 잡아주었다.

우리에게 하루 저녁 각자 국장에게 어떤 주장을 펼칠지 생각할 시간이 주어졌다. 그러나 나는 이미 이런 일이 일어나는 경우에 대해 충분히 생각해왔다. 그래서 더 이상 생각하지 않았다.

다음 날 우리는 다시 국장을 만나러 갔고 푹신한 소파에 편안하게 앉아서 시작했다.

상사는 국장에게 사건의 전말을 들려주었다.

국장은 문제가 무엇인지 물었다.

나는 그 제보자를 직접 다시 만나지 않는 것이 좋을 것 같다고 말했다.

"왜죠?" 국장이 물었다.

나는 그 남자가 어떤 사람인지 이야기했다. 그는 아마 어리석은 짓을 할지도 모른다. 굳이 그에게 그런 기회를 줄 필요가 없다.

국장이 미간을 찌푸리고 잠시 생각에 잠겨 있더니 말했다. "그냥 현장 요원이 알아서 하면 어떨까요?"

하지만 상사는 그 말을 못 들은 체하고 자신에게 또 다른 생각이 있다고 말했다.

"일단 만나서 이야기를 하기로 하고 그 전에 며칠 동안 그를 관찰해보기로 하죠. 그가 위험한 행동을 할지 알아보고 나서 만나면 어떨까요?"

국장이 나를 돌아보고 말했다. "자네 생각은 어떤가?"

그 남자의 반응을 관찰하는 것은 별 의미가 없다. 마음속으로 무슨 일을 꾸미고 있든지 간에 침착한 태도를 취할 수 있다. 아니면 뒤늦게 흥분해서 바보 같은 짓을 할 수도 있다.

그러나 그녀는 나의 상사로서 대안을 제시하는 것으로 체면을 유지하고 싶어 했다. 나와의 기싸움에서 밀리지 않고 자신의 위치를 확인하고 싶어 했다.

하지만 그녀의 제안한 방법은 관료 조직의 탁상 행정으

로 인한 소모적인 자원 낭비였다.

나는 그 시간에 더 중요한 일을 해야 했다. 하지만 상사가 제안하는 것이니 거부할 수 없었다. 그래서 나는 그러마고 했다.

상사는 만족했다.

국장도 만족했다.

약간의 자원 낭비가 있겠지만 그 후에는 나도 행복해질 것이다.

나는 터프가이 제보자에게 연락을 해서 만나자고 했다. 그리고 상사가 지시한대로 그를 감시했다. 그는 평소대로 동요하지 않고 침착해 보였다.

하지만 그것은 별 의미가 없었다.

나는 다시 상사에게 갔다. 하지만 그녀는 출장을 가서 자리에 없었다. 그녀는 며칠 전부터 바쁜 척 했다. 또 다른 지연 전술. 그래서 나는 그녀가 속으로 바라는 것을 했다. 그녀를 건너뛰고 직접 국장을 찾아갔다.

국장은 내가 생각하는 방법으로 하라고 승낙했다.

나는 공중전화로 갔다. 아무 전화기나 골랐다. 몇 년 후 그 공중전화는 근방에서 일어난 자살 폭탄 테러로 파편에 맞아서 산산조각이 났다.

제보자는 벨이 다섯 번 울리고 나서 전화를 받았다.

그는 시내에 없다고 말했다. 그의 말이 거짓인지 아닌지는 더 이상 중요하지 않았다.

나는 우리의 관계가 끝났다고 말했다.

그의 목이 잠겼다. 목소리가 떨렸다. 그는 반응을 보였다.

그는 내가 전화한 이유를 짐작했을 것이다. 하지만 현실로 닥치자 반응을 보였다. 손실에 대한 반응. 아드레날린이 분출하는 반응. 어리석은 짓을 하는 반응.

하지만 그는 어떤 반격도 할 수 없었다. 그럴 수 없었다. 내가 공중전화를 사용했으므로.

그는 가라앉은 목소리로 말했다. "알겠습니다."

나는 다시 한 번 그에게 감사했다. "그동안 고마웠어요. 행운을 빕니다."

다시 잠긴 목소리. "알겠습니다."

나는 전화를 끊고 그 자리를 떠났다.

아마 그를 직접 만났어도 아무 일도 없었을 수 있다. 상사가 시키는 대로 하는 것이 나을 수도 있었다. 어느 정도 위험은 감수할 수도 있었다.

하지만 만에 하나 싸움이 일어났을 수도 있다.

어쩌면 내가 먼저 뭔가를 시작했을 수도 있다. 어쩌면 내가 먼저 주먹을 날려야 했을 수도 있다. 나도 같이 터프가이가 되었을 수도 있다.

그러나 그것은 스파이의 전략이 아니다. 스파이는 항상 최악을 상황을 고려한다.

스파이의 엔드 게임은 사람, 장소, 자원을 보호하는 게임이다. 그 게임을 위해 역추론을 해서 전략을 세워야 한다.

스파이의 전략은 총격전이 일어나지 않도록 하는 것이다. 먼저 주먹을 날리지 않는 것이다. 다른 선택이 있다면 유혈극을 피하는 것이다. 안 그러면 전략이 실패한 것이다.

스파이가 싸움을 시작하는 경우는 거의 없다. 우리 자신의 생존과 엔드 게임 중 하나를 선택해야 하는 제로섬 게임이 아니라면.

그 제보자를 떠나보낸 후에 나는 더 중요한 게임을 많이 했다. 포지티브섬 게임을.

물론 모두 포지티브섬은 아니었다. 일부는 제로섬이었다. 어쨌든 거짓말을 하는 제보자와의 게임보다는 더 유익한 게임이었다.

에필로그

**당신은
어떤 엔드 게임을
꿈꾸는가?**

언젠가는 팍스아메리카나의 패러다임에 변화가 생길 것이다. 좋은 쪽으로든 나쁜 쪽으로든.

지금도 누군가는 또 다른 엔드 게임을 원하고 있을 것이다. 아니면 사람, 장소, 자원은 같지만 다른 규칙을 원할 것이다.

아마 당신도 보스가 되겠다는 꿈을 갖고 있을 수 있다. 그리고 보스가 되겠다는 야망을 가진 사람은 누구나 자신이 원하는 엔드 게임에 대한 비전을 갖고 있다. 그래서 각자 자신의 엔드 게임을 꿈꾸는 다른 보스들과 제로섬 게임을 하게 된다.

제로섬 게임으로 시작해서 엔드 게임에 도달하기 위해서는 다음 세 가지 전략이 필요하다.

1. 상대가 원하는 엔드 게임을 상상해서 그 시점에서부터 역으로 추론을 해서 계획을 세운다.
2. 제로섬 게임에서 이기려면 포지티브섬 게임을 해야 한다. 상호이익이 되는 동맹을 맺는다.
3. 포지티브섬 게임 내에서도 보스 게임이 일어난다. 누군가가 가장 중요한 결정을 내리게 될 것이다. 최종 결정권자가 되기 위해서는 제로섬 게임에서 주도권을 잡아야 한다. 그러면 엔드 게임의 보스가 될 수 있다.

이러한 전략을 성공적으로 수행하기 위해서는 다음 세 가지 능력이 필요하다.

1. 엔드 게임을 상상한다.
2. 역으로 추론해서 전략을 짠다.
3. 전략을 실행에 옮긴다.

이 세 가지를 완벽하게 다 잘하는 사람은 드물다. 상상, 추론, 실행, 이 세 가지를 모두 잘하기는 어렵다.

그래서 소수의 사람만이 자신의 엔드 게임에 도달할 수 있는 것이다.

게다가 반대편에 경쟁자들이 있다. 그 자신의 엔드 게임을 꿈꾸는 사람들. 이해관계가 충돌하는 사람들. 당신이 가진 것을 원하는 사람들. 또는 당신이 원하는 것을 주지 않으려고 하는 사람들. 배신자들.

이 책이 세상에 나와서 많은 독자들이 읽게 되는 것은 내가 원하는 엔드 게임이다. 이것도 역시 나름의 전략이 필요하다. 모든 전략이 필요로 하는 것은 같다. 엔드 게임을 상상하고 역으로 유추를 해서 전략을 세우고 그에 따라 행동하는 것이다.

나는 가설로 시작했다. '내가 책을 쓰면 누군가 읽고 싶어 하는 사람들이 있을 것이고 그러면 기꺼이 돈을 지불하고 책을 살 것이다.'

나는 많은 독자들이 내가 쓴 책을 읽는 것을 상상했다. 거기에서 거꾸로 유추를 하면 경쟁의 제로섬 게임이 보인다. 치열한 경쟁을 해야 할 것이다. 수백만 내지는 수십억의 다른 책들이 있기 때문이다.

다른 책들과의 경쟁에서 이기기 위해서는 독자들이 내 책을 사서 읽는 동기를 알아야 한다.

어떤 종류의 스파이 책이 잘 팔리는가? 생각에 관한 책에 대한 독자들의 생각은 어떤가? 인터넷 리뷰, 판매량 등의 자료를 수집했다. 스파이라는 직업이 궁금하거나 세상을 뒤흔드는 보스 게임에 관심이 있는 독자들이 이 책을 사서 볼 것이다.

이러한 자료를 바탕으로 사람들이 어떤 책에 관심을 갖는지 분석했다. 어떤 내용과 문체로 글을 써야 하는지. 어떤 책이 좋은 리뷰를 얻는지.

그래서 나는 너무 길지 않으면서 간결하고 흥미로운 방식으로 메시지를 전달할 수 있는 책을 써야겠다고 생각했다.

그리고 마침내 책을 출판하기로 결정했다.

이 결정을 실행에 옮기기 위해서는 CIA의 승인을 받는 것을 포함해서 많은 비용과 시간을 투자해야 했다.

출판사, 디자이너, 서점, 홍보회사와 동맹 관계를 맺어야 한다. 영어가 아닌 다른 언어로 출판을 하게 되면 외국의 출판사와도 동맹을 맺어야 한다. 이 작업은 상상하고 추론하는 시간보다 훨씬 오래 걸렸다. 이러한 포지티브섬 게임을 통해 마침내 책이 세상에 나왔고 독자들이 사서 볼 수 있게 되었다.

독자들이 내 책을 재미있게 읽고 배운 것이 있다고 생각한다면 나의 전략은 성공한 것이다. 나의 엔드 게임에 도달한 것이다.

이번에는 독자의 입장에서 생각해보자.

당신은 이 책을 사겠다는 결정을 내리기 전에 필요한 자료를 수집한다. 온라인 리뷰를 읽거나 입소문을 들을 수도 있다. 그리고 주어진 자료의 신뢰성과 적절성을 평가해서 이미 알고 있는 정보와 결합한다.

전부터 스파이 이야기에 관심을 갖고 있었을 수 있다. 아니면 진짜 스파이 이야기는 지루하다는 선입견을 갖고 있을 수 있다. 그래서 망설인다. 아니면 제목을 보고 의문을 갖는다. "스파이처럼 생각하라고? 너무 나간 거 아니야?"

또한 책을 읽는 데 돈과 시간을 들일 가치가 있는지 생각한다. 그리고 마침내 결정을 내린다. 이 책을 사기로 한 것이다. 아니면 누군가에게 등을 떠밀려서 살 수도 있다.

어쨌든 당신이 이 책을 다 읽고 나서 유익한 시간을 보냈다고 생각하면 우리의 게임은 포지티브섬이 된다. 양쪽 모두 이기는 게임을 한 것이다.

스파이의 생각법

처음 펴낸 날 | 2018년 11월 22일

지은이 | 존 브래독
옮긴이 | 노혜숙
펴낸곳 | 도서출판 아니마
출판 등록 | 2008년 12월 11일, 396-2008-000092호
주소 | 경기도 고양시 일산동구 중산로 101, 109-903
Tel | 031-908-2158, 010-5424-2194
Fax | 0303-0944-2194
이메일 | animapub@naver.com
디자인 | (주)끄레 어소시에이츠
인쇄 | 수이북스

ISBN 979-11-89484-01-9 03190
• 책 가격은 뒤표지에 있습니다.
• 잘못된 책은 구입하신 곳에서 바꾸어 드립니다.
• 이 책의 전부 또는 일부 내용을 재사용하려면 사전에 저작권자와 도서출판 아니마의 동의를 받아야 합니다.

이 도서의 국립중앙도서관 출판예정도서목록(CIP)은 서지정보유통지원시스템 홈페이지(http://seoji.nl.go.kr)와 국가자료종합목록시스템(http://www.nl.go.kr/kolisnet)에서 이용하실 수 있습니다. (CIP제어번호: CIP2018033800)